言語力の育成を重視した
みんながわかる理科教育法

小田切　真
寺本　貴啓　著

学校図書

目　次

はじめに …………………………………………………………………………… 4

第1章　小学校の理科で「言語力」を身につけるには ……………………… 9
Ⅰ　どうして「言語活動の充実」が求められるようになったのか ………… 10
　　1 「言語活動の充実」が求められるようになった背景
　　2 どうして理科で「言語活動の充実」が必要なのか
　　3 理科における「言語力」とは何か
Ⅱ　理科の「言語力」をどのように育てるのか ……………………………… 19
　　1 理科は「体験」が大前提
　　2 理科の「言語力」を育てる3つのポイント

第2章　理科の授業を担当することが決まったら ………………………… 25
Ⅰ　理科の学習活動をイメージする ………………………………………… 26
　　1 理科の目標や内容区分を確認する
　　2 1年間の学習活動をイメージする
　　3 今、求められている学習活動に留意する
Ⅱ　年間指導計画案を書く …………………………………………………… 35
　　1 必要な情報を収集して整理する
　　2 活用しやすいフォーマットを考える

第3章　いざ授業！－明日の理科を考える ………………………………… 47
Ⅰ　理想的な理科の授業をイメージする …………………………………… 48
　　1 どんな授業が理想的なのか
　　2 問題を見いだし解決していく学習課程
Ⅱ　単元を計画する …………………………………………………………… 61
　　1 単元全体を構想する
　　2 単元の指導計画案を書く
Ⅲ　ゼロから単元を創造する愉しみ ………………………………………… 72
　　1 思いつきを書き出していく

第4章　授業の前に－評価について考える ………………………………… 81
Ⅰ　子どもたちをどのように評価するのか ………………………………… 82
　　1 何のために評価をするのか
　　2 理科の授業で評価する4つの観点とは
　　3 4観点をどのように評価するのか
　　4 理科で使えるいろいろな評価のしかた
　　5 子どもの発言やノートを評価するポイント

第5章 各学年の具体的な指導 …………………………………… 93
Ⅰ 第3学年 ……………………………………………………… 94
　■1 第3学年のポイント
　■2 第3学年の実践例
Ⅱ 第4学年 ……………………………………………………… 104
　■1 第4学年のポイント
　■2 第4学年の実践例
Ⅲ 第5学年 ……………………………………………………… 114
　■1 第5学年のポイント
　■2 第5学年の実践例
Ⅳ 第6学年 ……………………………………………………… 124
　■1 第6学年のポイント
　■2 第6学年の実践例

第6章 言語力を重視した理科授業 …………………………… 135
Ⅰ 「話す」「聞く」 ………………………………………………… 136
　■1 「話す」「聞く」活動を充実させるために
　■2 「話す」活動の充実
　■3 「聞く」活動の充実
Ⅱ 「書く」「読む」 ………………………………………………… 147
　■1 「書く」活動の充実
　■2 「読む」活動の充実

第7章 理科授業の進め方 ……………………………………… 163
Ⅰ スキルを育てる理科の授業 ………………………………… 164
　■1 スキルを育てるという考え方
　■2 スキルを育てる学習環境
Ⅱ みんながわかる理科授業 …………………………………… 172
　■1 紹介する授業のイメージ
　■2 授業の実際
Ⅲ 評価までが授業です ………………………………………… 191
　■1 客観的な授業分析
　■2 次の次の授業のために

おわりに ………………………………………………………… 198

○はじめに

はじめに

○ 先生という仕事は

　先生という仕事は、何の対価としてお給料をいただいているのでしょうか。私は、「子どもの笑顔」だと考えています。担任する一人ひとりの子どもたちを、どれだけ笑顔にすることができたか、それがすべてだと思います。

　学校生活すべての中で、子どもを「笑顔いっぱい」にするのが仕事です。その中でも、柱になるのは各教科等の「授業」だと思います。授業を通して子どもを笑顔にすること、それが先生の仕事です。

　では、授業の中で笑顔が生まれるのはどんなときでしょうか。理科の授業をイメージしながら、3つのステップを位置づけてみましょう。

　まず、「やれた」ときの笑顔です。この笑顔は、自分で観察や実験が「やれる」という喜びから生まれます。先生や友達のやっている実験を眺めているだけでは楽しいはずがありません。

　次に、「できた」ときの笑顔です。思ったことが実現できたときの笑顔です。予想とは異なる結果になっても失敗を繰り返してもいいのです。自分の力でやり遂げたという達成体験が掛け替えのない笑顔を生み出します。

　最後は、「わかった」ときの笑顔です。観察や実験を通して、友達と考えを伝え合って、考え抜いて、やっとのことでたどり着いた唯一の真実をみんなで理解できたときの笑顔です。

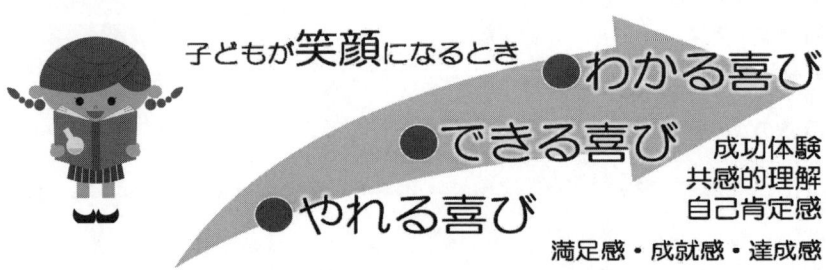

○ 忙しい日々の中で

　子どもの笑顔、先生ならば誰もが目標にしていることだと思います。だからこそ、一人ひとりが「やれる」ようにするには、どのような教材を何個用意すればいいのか、一人ひとりが「できる」ようにするには、どのような手順でどのくらいの時間をかければいいのか、一人ひとりが「わかる」ようにするには、どのような話し合いをさせればいいのかなど、本当にたくさんのことを考えながら全力疾走している毎日だと思います。

　そんな中、学習指導要領が改訂されました。基礎的・基本的事項の知識・技能の習得、思考力・判断力・表現力等の育成、主体的に学習に取り組む態度が学力の重要な要素として位置づけられ、その基盤となる「言語活動の充実」に特段の配慮が求められています。

　言語活動を取り入れない授業などあり得ませんから、これまで通りに教材研究を進め、一人ひとりの子どもに確かな学力を身につけさせていけば問題ないはずです。ただし、「充実」という部分については意識を改めて研修する必要があるでしょう。また、理科においては授業時間数と内容が増加しましたから、それぞれの単元をひとつずつ見直していく必要もあります。

　そう考えると、「理科の教材研究」と「理科の授業における言語活動の充実」を並行して進めなければならないわけです。もちろん、理科だけでなく全教科等の教材研究も特別支援が必要な子どもへの配慮も保護者との対応も事務処理も、すべてを同時に進行させていかなければならないのです。

　時間にゆとりがあれば、校内研修や学年会で教材研究を深めることも可能でしょう。しかし、どの先生も忙しいわけですから、たとえ新採であっても自分で時間を作って学ぶ以外方法がないのです。特に、「理科」に関しては（苦手意識を持つ先生が多いので）相談しても断られるかもしれません。でも、時間はあっという間に過ぎていきます。時間が確保できなかったからという言い訳は通りません。

○はじめに

○ この本を読むことで

　先生の予備知識や技能が不十分であったり、観察や実験の準備が整っていなかったりしたら授業は成立しないでしょう。教師用指導書を見ながら演示実験だけでも授業はできますが、子どもが笑顔になるとは思えません。先生にゆとりと自信がないわけですから、子どもを叱ることが増えてしまうかもしれません。やがて、子どもとの信頼関係も崩れ始め、自己嫌悪に陥り…。

　そういう事例を何度も耳にします。実際に辞めてしまった先生も少なくありません。また、何人もの先生から「理科の授業の進めかたがわからない」とか、「理科でも言語力を身につけさせろと言われるが具体的な指導法がわからない」という相談を受けます。でも、一緒に考えれば方向が見えてくるのです。

　この本は、そこが出発点なのです。「言語活動を充実させた新しい時代の理科教育を共に考えていきましょう」という想いで書き始めたのです。その際、次に示す11人の先生をイメージしながら書き進めてきました。

- 理科に対する苦手意識が強い先生
- 理科の教材研究法を学んだことがない先生
- 初めて理科を教えることになった先生
- 久しぶりに理科を教えることになった先生
- 理科が得意ではないのに理科主任になってしまった先生
- 理科教育をちょっと勉強してみようかなと思っている先生
- 言語活動の「充実」について悩んでいる先生
- 言語力の育成に興味のある先生
- 理科でも言語力の育成が大切だと考えている先生
- 理科における特別支援教育についても勉強したいと考えている先生
- 理科専科として学校の理科教育を任されている先生

> また、小学校の先生を目指して勉学に励んでいる学生のみなさんのテキストとしての活用も意識して、できるだけわかりやすく・おもしろく・楽しく読み進めることができるように構成しています。言語力の育成と理科教育を柱にした本ですが、先生という仕事のイメージを描くこともできるでしょう。

○ 先生も笑顔になってほしい

　いろいろな先生をイメージしてまとめてきましたから、どの章から読んでいただいても構いません。目次をご覧いただき、興味・関心の高い部分からお読みください。必要に応じて具体的な教員の仕事や活動を紹介していますので、ひとつずつ読み解いて、できることから実践してもらえば、明日の理科の授業が楽しみになるはずです。

　ただし、他の理科教育法の書籍では「章」になっているような、理科教育の歴史・変遷・理論などについては思い切って省略しました。どれも大切なことなのですが、まずは「目の前の子どもたちと明日の授業を創る」ことを目指します。理科教育史などについてもしっかりと勉強したい場合は（この本を読み終えた後に）図書館へどうぞ。

　その代わりと言っては何ですが、「言語力・言語活動」については、たっぷりと盛り込んでいます。この本を読み進めていくだけで、「理科における言語力の育成」というものが特異なものではなく、当たり前の教育活動として意識されるようになるでしょう。

　あとは先生の心持ち次第です。各章とも平易な文章で表現していますが、実践には相当の時間と労力を必要とする事項が含まれています。楽にできるものなどないかもしれません。でも、努力した分だけ自信とゆとりと笑顔が生まれます。

　先生が笑顔で教壇に立てば、子どもの笑顔が待っています。

・・・・・・・・・・・・・・・・ つながり・かかわり・わかりあい ・・・・・・・・・・・・・・・・

 なんだか僕でも読み進めることができそうです。でも、理科は本当に苦手ですよ。大学でも理科教育法しか履修していませんし、教員になってから1度も理科を持ったことありませんし…。大丈夫ですかね。

この本を手に取っているという事実が「先生のやる気」を示していますよね。自分自身を磨き続ける意志があれば理科に関する教育法もすぐに身につくはずです。苦手というより「学ぶ機会がなかった」と考えましょう。

 私、今年「理科主任」を任されてしまったんです。学生時代の専攻が数学だったから、理科も得意でしょって…。それで、校内研修の授業も理科でやることになり、もちろん全体のテーマは「言語活動の充実」で…。もう何から勉強すればいいのかわからず泣きたいぐらいです。この本を読めばなんとかなりますか…。

なんとかなります！
まずは「言語力」について考えていきましょう。
どうして「言語力の充実」が求められるようになったのか、「理科における言語力」をどのように考えていけばいいのかなど、基本的なところを説明していきます。
ちょっと堅い・ちょっぴり難解な文章が続くかもしれませんが、ここが「肝」になりますから、ゆっくり・じっくりあわてずに読み進めてくださいね。

第1章
小学校の理科で「言語力」を身につけるには

I どうして「言語活動の充実」が求められるようになったのか
1 「言語活動の充実」が求められるようになった背景
2 どうして理科で「言語活動の充実」が必要なのか
  ○ 言語活動は「考えを整理」「理解度を確認」できる
  ○ 言語活動は「実感を伴った理解」を促進する
  ○ 理科における「言語力」とは何か

II 理科の「言語力」をどのように育てるのか
1 理科は「体験」が大前提
2 理科の「言語力」を育てる3つのポイント
  ○ 問題解決の過程に沿って考える
  ○ 「思考させたい内容」から考える
  ○ 身につけさせたい「表現力」から考える

I．どうして「言語活動の充実」が求められるようになったのか

第1章 小学校の理科で「言語力」を身につけるには

1 どうして「言語活動の充実」が求められるようになったのか

　最近、理科の授業においても「言語活動の充実」や「言語力」が求められるようになりました。しかし、「言語力って、理科ではなく国語じゃないの？」とか「国語と理科の言語力は何が違うの？」と思われる先生もいると思います。以前の理科の授業では、理科は体験や経験が大切なので、「実験をたくさんさせよう」「言葉で考えたり、話し合ったりする時間が多いのは理科の授業ではない」という考え方が一般的でした。そのため当時の授業研究では、「理解が深まる教材とは何か（教材研究）」「子どもを主体的にさせるにはどうすればいいか（学習意欲を高めるための指導の工夫）」「子どもに観察の視点をもたせるにはどうすればいいか（理解を深めるための指導の工夫）」など、実験自体や子どもたちに理科的な視点をもたせる方法について考えることに重点が置かれていました。つまり、以前の理科は、たくさん発表させることはあっても、「言語力」を今ほど重視していなかったのです。もちろん、これらの授業研究は今でも大切ですし、これからもやらなければなりません。しかし、最近では、これらの授業研究に加えて、言語活動を充実させて子どもたちに言語力をつけていくような研究もしなければならなくなったのです。

　前でも述べたように、最近は「言語活動の充実」が求められるようになり、「言語力」の育成が求められるようになりました。しかし、この「言語活動の充実」は、実は全教科で求められています。ではどうして、全教科で「言語活動の充実」が求められるようになったのでしょうか。ここでは、時間を少しさかのぼって、現在の「言語活動の充実」に至るまでの背景から考えていき、理科での言語活動の価値と、つけるべき言語力について考えていきます。

　先に言っておきますが、この本では「言語活動の充実」や「言語力を身につける」ことに重点置いていますが、<u>理科は国語ではありません。国語の授業にならないように注意して読み進めていただきたいと思います。</u>

1 「言語活動の充実」が求められるようになった背景

　ここでは、「言語活動の充実」が求められるようになった背景についてわかりやすく説明するために、大まかな流れを示します。また、それに関係する用語の説明もしていきます。もっと詳しく勉強したいときは、読み込むにはちょっと慣れが必要ですが、文部科学省から出ている以下のような資料を読むと、言語活動の充実に至る背景を深く理解することができます。

> 【言語活動の充実に関する文部科学省の参考資料】
> ・言語活動の充実に関する指導事例集【小学校版】（平成23年10月）
> ・幼稚園、小学校、中学校、高等学校及び特別支援学校の学習指導要領等の改善について（答申）（平成20年1月）
> ・言語力育成協力者会議「言語力の育成方策について（報告書案）」（平成19年8月）
> ・学校教育法一部改正（平成19年6月）※30条参照
> ・PISA2003結果（平成16年12月）

　さて、今日「言語活動の充実」が求められるようになったのは、平成20年（2008年）に学習指導要領が改訂され、「言語活動の充実」が盛り込まれたことにあります。しかし、学習指導要領が改訂されるまでに、「言語活動の充実」が求められるようになる大きな出来事がありました。その大きな出来事とは、2003年に複数の国で行われた国際的な学力調査でした。その国際学力調査で、「日本の子どもはしっかりと文章を書くことができない」という結果が明らかになったのです。例えば、文章で書く上で説明が不十分であったり、文

> NOTE
> 「PISA調査」とは
> Programme for International Student Assessmentの略。「生徒の学習到達度調査」と訳されます。OECD（経済協力開発機構）が実施。高等学校1年生を対象に、知識や技能等を実生活の様々な場面で直面する課題にどの程度活用できるかを評価する調査です。

Ⅰ．どうして「言語活動の充実」が求められるようになったのか

章で答える問題を白紙で出したりする子どもが多かったりしたのです。このことは、日本の教育界に大きな衝撃を与えました。

もう少し詳しく説明すると、2003年（平成15年）にOECD(経済協力開発機構)という国際的な組織が行った、学力調査「PISA（ピザ）」（生徒の学習到達度調査）で、「読解力」の低い子どもが増えたことや、記述式の問題に課題（未記入が多かった）があるということがわかったのです。

その後、次の学習指導要領（現在の2008年版の学習指導要領を指す）を作るなど、今後の教育の方向性を決めていく国の会議（中央教育審議会）が始まりました。もちろん、会議ではこの国際調査の結果を受けて、「読解力」の低さにどのように対応するかについて考えていくことになりました。

> **NOTE**
> **学習指導要領とは**
> 学習指導要領とは、学校教育全般を通して、各教科や領域を、どのような順番で、何をどのように学ばせていくか記したものです。日本国内で教える内容や教育の質がバラバラにならないようにする意味があります。
> 教科書もこの「学習指導要領」がもととなって作られています。理科では「学習指導要領解説理科編」という、さらに詳しく教科を説明したものもあります。

さて、中央教育審議会で今後の教育の方向性が考えられている一方で、2007年6月に「学校教育法」という法律の一部が改正されました。この改正は、「言語力」ということから考えると、実は大きな意味をもっていました。特に30条の第2項が重要ですので見てみましょう。

学校教育法 第30条 第2項
… 生涯にわたり学習する基盤が培われるよう、基礎的な知識及び技能を習得させるとともに、これらを活用して課題を解決するために必要な<u>思考力、判断力、表現力</u>その他の能力をはぐくみ、主体的に学習に取り組む態度を養うことに、特に意を用いなければならない。　（<u>下線は著者</u>）

下線の部分を見てみると、表現力をはぐくむ重要性について書かれていることがわかります。これまでは、法律で「表現力を育成しましょう」のように、学習の内容までは書かれることがなかったのですが、この改正で「表現力をしっかり身につけさせなければならない」ということが法律として初めて示されたのです。法律で示されるということは、「必ずやらなければいけない」ことを意味します。したがって、この法律の改訂は、その後の学習指導要領の改訂にも大きな影響を与えました。このほかにも、いくつかの言語力育成に関する会議が行われ、学習指導要領に「言語活動の充実」が盛り込まれるようになり、どの教科でも言語活動を充実させていくことになったのです。

　以下の図は、「言語活動」に関してPISA2003以降、新学習指導要領ができるまで、どのような動きがあったかを簡単にまとめたものです。

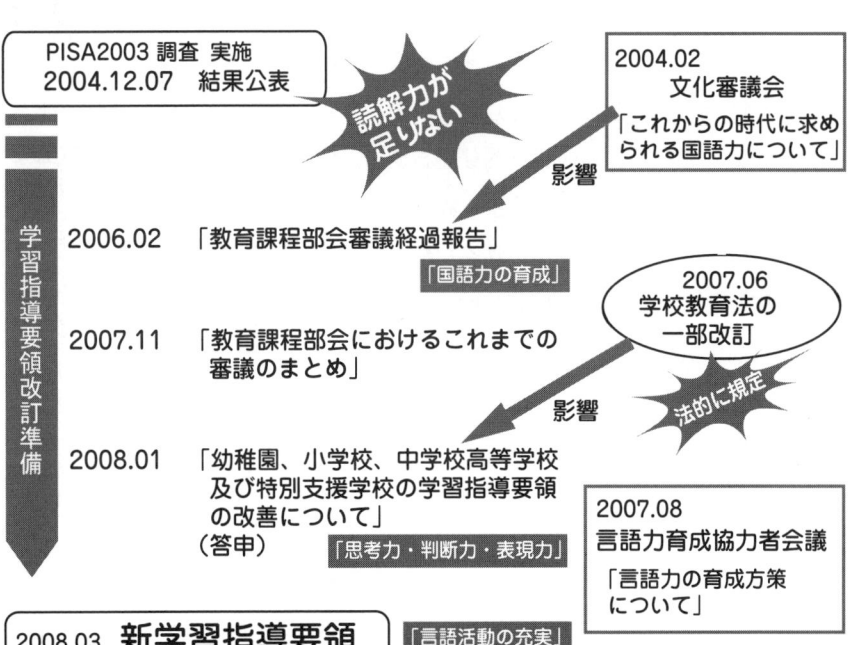

新学習指導要領に向けての言語活動の充実に関する国の動き

Ⅰ. どうして「言語活動の充実」が求められるようになったのか

2 どうして理科で「言語活動の充実」が必要なのか

　先に述べたように、理科でも言語活動の充実が求められるようになりました。しかし、単に「話し合い」や「説明」、「書かせる活動」を理科の授業内に取り入れたら良いというわけではありません。教科ごとに言語活動を取り入れる意味や価値に違いがあるはずです。ここでは、理科において何のために言語活動が必要で、どのような価値があるのかについて考えていきます。

　「学習指導要領解説理科編」を見ると、「改善の具体的事項」の部分で言語活動の充実の目的についての記述があります。

> （エ）児童の科学的な見方や考え方が一層深まるように，観察・実験の結果を整理し考察し表現する学習活動を重視する。・・・　　（下線は著者）

　つまり、理科における「言語活動の充実」は、児童の科学的な見方や考え方を一層深めるために行われるということがわかります。ここに記されている「科学的な見方や考え方が深まる」とは、自然のよくわかっていなかったことをはっきりさせるために「科学的な見方や考え方を身につける」「身につけた科学的な見方や考え方を上手に使いこなす」ことを指していると考えられます。

　それでは、理科の「科学的な見方や考え方を深めるため」に「言語活動の充実」はどのような価値があるのかについて考えていきましょう。

NOTE
科学的な見方や考え方

科学的ということは、個人の感覚的なものではなく、客観的で誰でも納得するものでなければなりません。例えば、複数回調べて操作をすれば、「偶然ではない」ことが証明できますし、調べたいもの以外の条件をそろえて比べる操作をすれば、原因を1つに特定することが可能となります。また、根拠をそろえ、論理的に考えることも大切です。つまり、科学的な見方や考え方とは、自然をみるための方法や視点をもち、客観的に結果を解釈できることであるといえます。

○ 言語活動は「考えを整理」「理解度を確認」できる

みなさんは子どもの頃「授業をしっかり聞いていて、わかっていると思っていたのに、説明になるとうまくできない」という経験はありませんでしたか。実はこの状態は、まだ「何となくわかっている段階」であり、理解が不十分な段階であるといえます。いわゆる「わかったつもり」なのです。この場合、言葉にして説明する機会がなければ、もしかしたら自分自身では「わかっている」と思ったままだったかもしれません。つまり、改めて説明することになれば、説明するために知識や考え方を整理しなければならないため、その過程で自分はよくわかっていなかったことに気づき、結果的に自分自身の理解度がどの程度かを確かめることができるのです。

理科において科学的に考えることは、論理的であることが求められます。そのため、「根拠が妥当か」「説明の手順などが適切か」などを、言語活動である発表や記述を通して確認できるという点で価値があります。

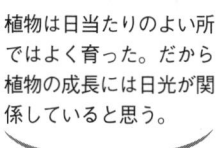

○ 言語活動は「実感を伴った理解」を促進する

平成20年(2008年)版の学習指導要領から、小学校理科の目標に「実感を伴った理解」という文言が追加されました。それは理科の授業なのに実体験もせず、実験の結果やまとめを知識として理解している(暗記しているだけ)という知識偏重型の授業が、これまで多くあったからです。理科は、実際に体験や経験をさせることが基本です。体験や経験をすることで、子どもたちは実際に予想や知識通りになるのかを確認することができ、「納得」し「腑に落ちる」のです。つまり体験することで、知識と体験がつながり、「実感」することができ、理解が促進されるのです。

それでは「実感を伴った理解を促進するためには、体験をしたら良いのでは？」と考えますよね。しかし観察や実験を行う際に、単に「体験をしたら良い」とい

Ⅰ．どうして「言語活動の充実」が求められるようになったのか

うわけではないのです。観察や実験には目的があります。そのため、子どもの疑問を解決するために、観察や実験をする上で「何を」「どのように」調べるのかを、言語活動ではっきりさせておく必要があるのです。つまり、体験（観察・実験）と言語活動は1セットなのです。もし、子どもたちが目的を明確にしなかったり、視点をもたなかったりしたならば、子どもたちは「観る」のではなく、単に「見る」だけになってしまいます。つまり、観察や実験の意味を考えずに見ているだけでは「子どもの思考」が働いていないので、言語活動で「観る」ポイントをはっきりさせ、考えさせるようにしなければならないのです。

以上より「言語活動」は、観察や実験の目的や視点ポイントをはっきりさせることで、「単なる体験」から「科学的な視点をもった体験」にさせ、理解を促進させることができる、という点で価値があるといえます。

上述のように言語活動は、子ども自身の思考を整理したり、観察や実験の目的をはっきりさせたりすることができる点で、価値があることがわかりました。

しかし、言語活動には授業に合った言語技術が必要になります。いわゆる「言語力」というものです。理科の授業でも、言語活動を通して将来使える「言語力」を身につけていかなければなりません。

では引き続き、理科における「言語力」について考えていきましょう。

○ 理科における「言語力」とは何か

　理科における言語力は、細かなことを言えばきりがないくらいたくさんあります。また、他の教科や日常生活の中で身につく能力もあります。ここでは、理科で特に重要な言語力を３つに絞って示し、具体的な例を挙げて説明します。

- **文章が論理的である**

　次の文章をみてください。
「ろうそくを燃やした後の二酸化炭素の濃度が３％だったので、二酸化炭素は増えたといえる」

　この文章は一見良さそうですが、この文章だけみると、実験後の結果しか示していないので、二酸化炭素が以前よりも増えたかどうかはわかりません。つまり、この文章は論理的ではないのです。理科の授業では、実験をして結果と考察も連続して考えさせることが多いため、結果は「わかっている」という前提で考察を書かせてしまいがちです（文章として書けていなくても、「わかっているから」とそのままにしがちです）。しかし、人に説明する時は、初対面の時もありますね。そのため、今後社会に出たときの力として論理的に話せることは重要ですから、省略せずにしっかりと話したり、書かせたりしたいのです。この場合では、根拠を明確にするために「ろうそくを燃やす前の二酸化炭素の濃度はほとんどなく、燃やした後は３％だったので、増えたといえる」のような文章にしなければいけないでしょう。

- **問題と結果・考察を一致（一貫）させて表現している**

　授業の問題が「ふりこが１往復する時間は、おもりのおもさによってかわるのだろうか」なのに対して、考察が「おもりのおもさ、ひもの長さ、ふれはばを調べると、ひもの長さを長くすれば１往復する時間が長くなったことから、１往復する時間は、ひもの長さによって変わる」という文章でまとまっている授業があります。この場合、子どもの現状から授業の問題を作ったにもかかわらず、実際に行った実験は教科書に載っているものを行ったという事例です。これでは、目

的と方法や考察が一致していません。論理的な文章を書かせたいならば、問題（目的）に合った実験やまとめをしなければいけません。

　また、先生が何を問題とするのかによって、結果や考察のまとめ方が変わるため、問題づくりは注意して考えなければいけません。例えば「水の温度は100度まで上がるのだろうか」と、「水の温度はどのように上がっていくのだろうか」という２つの問題では、前者では、水が100度まで「上がる・上がらない」ということが結果や結論なのに対して、後者では、水の温度変化を時間の経過と共に調べることも結果や結論に含まれます。つまり先生は、結論（考察）で子どもたちにどこまで思考させたいかによって、問題づくりを考える必要があるのです。

• **根拠のある説明になっている** ……………………………………………………

　理科ではいくつかの場面で自分の考えを発表します。例えば、予想や仮説、結果、考察などの場面です。ある時、「気温は天気によってちがうのだろうか」ということを予想する場面で、子どもは「ちがうと思う」と答えました。また、違う場面で先生が発表の理由を聞くと「何となく」と答える時がありました。さて、これらの子どもの発表は何が問題なのでしょうか。

　結論から言うと、「根拠が明確でない発表をしている」ということです。ここで先生は、この発表を改善するために、３つの視点で考えなければいけません。１つめは、単に「子どもがこれまでの経験（学んだこと）を忘れていた」ということです。これは、単なる忘れですから教えてあげればいいでしょう。ただ、問題は残りの２つです。２つめは、「先生の質問が、子どもの経験や知識では答えられない悪い質問だった」ということです。子どもの経験を無視した、合っていても間違えていてもどちらでもよい「クイズ」を出題しているのです。３つめは、「子どもに対して、しっかりとした答え方を教えていない」ということです。子どもの発表とはいえ、いい加減なままで発表を認め続けていると、いつまでたってもしっかりとした答え方ができません。ここでは、理由も一緒に言わせるような指導をしたいです。

II 理科の「言語力」をどのように育てるのか
1 理科は「体験」が大前提

　理科の授業で時々、「ビデオを見せてばかり」「実験もせず、教科書で説明するばかり」「子どもに実験をさせず、教師の演示実験だけ」という授業があると聞きます。また、話し合いばかりで、実際に実験したのは、45分中5分だけという、「体験が少ない」授業もあります。これらの授業に共通することは「体験がない」「体験が極端に少ない」授業であるといえます。

　<u>言語活動を充実させる場合、気をつけなければならないことは、本来の「体験」の大切さを忘れてしまい、言葉の勉強の授業になることです。</u>具体的に言うと、「言語を使わせていかなければならない」と意識するがあまり、「言葉の使い方」を重視してしまい、話し合いや、先生の説明が増え、本来理科で大切にされている「体験」が全く行われない授業をしてしまうことを指します。つまり、本来「自然について、<u>言語を使って理解を深める</u>」ことをしたいのに、「理科の授業で、言葉の使い方を勉強する」ことをしてしまっているのです。

　したがって理科は、自然の事象に直接触れたり、観察したりするという「体験」が大前提であり、<u>言語力をつけることは科学的な見方や考え方を身につけるための「手段」であり、「目的」ではありませんので注意が必要です。</u>

2 理科の「言語力」を育てる3つのポイント

　ここでは、言語力を育てる3つのポイントを示します。先に注意しておきたいことは、子どもの発達の段階に合わせて、段階的に指導する必要があることと、単元によっては、以下のポイントは使えないものもあることです。あくまでも考え方ですので、これ以外は各先生方で考えていただきたいと思います。

○ 問題解決の過程に沿って考える

　小学校理科は、問題解決の過程に沿って授業が行われます。54ページでも述べていますが、問題解決の過程は次の図のような流れになっています。言語力を

Ⅱ．理科の「言語力」をどのように育てるのか

育成するために、この問題解決の過程のそれぞれの場面に合わせて言語活動を重点的に取り入れていきます。

ここでは、問題解決の過程で言語活動を重点的に取り入れる場面を、「予想・仮説の設定」、「結果の整理」、「考察」、の3つに絞って説明します。

「予想・仮説の設定」の場面では、実験の見通しをもつために、実験を始める前に、子どもが疑問に思った現象の原因を予想したり、これから行う実験の結果をあらかじめ予想したりします。例えば、雨が降った後の地面を調べたときに、良く乾いた場所と、なかなか乾かない場所があったとします。このとき子どもたちは、地面がなかなか乾かない原因が、日陰であると想定し、そこから地面の温度が上がらないのではないかと予想する場面です。

このような「予想・仮説の設定」の場面では、まだ実験結果が出ていない段階で何かしらの根拠をもって予想するわけですから、その根拠はこれまでの体験や経験がもととなるでしょう。例えば、先ほどの日陰の話で言うと、「前に日かげに行ったときは、日なたと比べて寒かったから、なかなか水が乾かないのではないか」というところまで引き出して考えさせる必要があります。ここで注意しなければならないのは、「根拠がない予想は考えたことにならない」ということです。例えば、単に「日かげは温度が低いから」だけで済ませるのは根拠がないので、言語力の観点で考えると十分でないと言えます。

【問題解決の過程】

自然事象への働きかけ
⬇
問題の把握・設定
⬇
予想・仮説の設定
⬇
検証計画の立案
⬇
観察・実験
⬇
結果の整理
⬇
考　　察
⬇
結論の導出

「結果の整理」の場面では、実験の目的に応じて結果をまとめていきます。例えば、4年生の水を温めて温度の変化を調べるときは、グラフにして温度の変化を視覚的にわかるようにします。また、5年生のふりこの実験のように複数回同

じ実験をする場合は、条件別(ひもの長さ、おもりの重さ、ふれはば)に複数回分を表にまとめます。3年生の自動車を使った風やゴムの実験では、風の強さやゴムの引っ張り具合と、自動車が進んだ距離の関係を、表にまとめたり、実際の位置をシールや点で示したりします。このように、結果の「整理の場面」では、整理の方法が実験によって異なりますが、目的に応じたわかりやすいまとめ方をすることになります。

　このような「結果の整理」の場面では、整理をするための方法やそれに伴った技能を身につけることが重要になってくると考えられます。この場合は、表やグラフのまとめ方に関しては、ある程度教えていく必要があるでしょう。ここで注意しておくことは、「結果の整理は考察とは違う」ということです。例えば、以下の例を見てください。5年生のふりこの実験(ふりこが1往復する時間はおもりの重さに関係があるか)の結果のまとめです。

実験結果	調べる条件		1回目	2回目	3回目	平均
	おもりの重さ 50g	10往復の時間(秒)	14	14	14	
		1往復の時間(秒)	1.4	1.4	1.4	1.4
	調べる条件		1回目	2回目	3回目	平均
	おもりの重さ 100g	10往復の時間(秒)	14	14	14	
		1往復の時間(秒)	1.4	1.4	1.4	1.4

【良い例】

実験結果	調べる条件		1回目	2回目	3回目	平均
	おもりの重さ 50g	10往復の時間(秒)	14	14	14	
		1往復の時間(秒)	1.4	1.4	1.4	1.4
	調べる条件		1回目	2回目	3回目	平均
	おもりの重さ 100g	10往復の時間(秒)	14	14	14	
		1往復の時間(秒)	1.4	1.4	1.4	1.4

重さを変えても、1往復する時間はほとんど変わらなかったので、おもりの重さは1往復する時間に関係がないことがわかった。

【悪い例】

　二つの例を比べると、一見、詳しく書いている右の例が良いのではないかと思いがちですが、左の詳しくない方が良い例です。右の悪い例は、本来「考察」で書くべき内容(「重さを変えても、1往復する時間はほとんど変わらなかったので、おもりの重さは1往復する時間に関係がないことがわかった。」)が含まれているのです。つまり、この悪い例は、結果の整理で書くことと、考察で書くことが混ざってしまい、曖昧な書き方になっているため、「結果の整理」の書き方としてダメなのです。結果はあくまでも、実験でわかったデータのみを書くということを意識しておきましょう。

Ⅱ．理科の「言語力」をどのように育てるのか

　「考察」の場面では、実験結果からわかったことを書きます。つまり、「考察」は、実験結果（データ）を根拠として、問題（目的）に対する自分の考えを書いていくことになります。例えば、先ほどのふりこの事例で、問題が「ふりこが1往復する時間は何の条件によって決まるのだろうか」ならば、実験結果は、「おもりの重さやふれはばでは変化しないが、ふりこのひもの長さを変えたときだけ1往復する時間が変化している」「ひもを長くすればふれる時間がゆっくりになる」です。したがって、ここでの考察はこれらの結果を用いて「（例）ふりこが1往復する時間は、おもりの重さやふれはばでは変化しないが、ふりこのひもの長さを変えたときだけ1往復する時間が変化したことから、ひもの長さがふりこが1往復する時間に関係がある」と書かせていくことになると考えられます。

○「思考させたい内容」から考える
　理科において科学的な言葉の使い方が重要です。授業では「考える方法」や「考えさせる内容」から考えるとわかりやすくなります。

【考える方法】
　考える方法によって、使用する言葉がある程度決まってきます。考える方法は、小学校理科で言えば「問題解決の能力を育てること」（小学校学習指導要領解説理科編 p.8）が大きく関係しています。
・比較して考える　　　　（例）日なたと日かげを比べると、日なたの方が…
・関係付けて考える　　　（例）乾電池を増やせば、モーターの回り方が…
・条件を制御して考える　（例）他の条件は変えずに、ふりこのひもの長さを変え
　　　　　　　　　　　　　　　たときだけ1往復の時間が変わったから…
・推論して考える　　　　（例）食塩水を蒸発させたら食塩が出てきたから、この
　　　　　　　　　　　　　　　水溶液も蒸発させたら何か出てくるのではないか

【考えさせる内容】
　考えさせる内容は、問題づくりに大きく関係しています。考える内容が変われ

ば、子どもが表現する内容も変わってきますので、先生はあらかじめ子どもに何を考えさせたいかを明確にもっておく必要があります。例えば、4年生の「もののあたたまり方」の実験では、「金属は熱せられた部分から順に熱が伝わるが、水や空気は熱せられた部分が移動して全体が温まる」ことを学びます。ここで、水の温まり方を調べる授業で、問題を「ビーカーの中の水はどのような順で温まるのだろうか」と、「ビーカーの中の水は下から順に温まるのだろうか」としたときを比べて考えてみましょう。前者は「温まる順番がどうなるかわからない前提で、どういう順番で温まるのかを調べる」というスタンスになっており、指温度インクなどで実験をすることになりそうです。一方、後者は、「(すでに学習している)金属の温まり方と同じように、熱源から順番に温まるのではないか」というスタンスで問題がつくられており、金属の結果と比較しながら観察していくことになりそうです。この場合、前者は、どのように温まるかを時間と関係付けて考えさせ、後者は、金属の温まり方と比較させて考えさせることが中心となると考えられます。

○ **身につけさせたい「表現力」から考える**

　毎時間の授業で言語活動ばかり重視する必要はありません。しかし、言語力を身につけやすい学習内容であれば、どのように言語活動を取り入れ、どのように表現させたいのかを明確にして授業に臨む必要があります。私がおすすめするのは、子どものノートを想定して、授業前に実際に教師が書いてみるということです。次頁のノートを見てください。

　見開き1ページで実験が書ききれるようにしています。最初に問題を書き、予想や仮説、実験方法、結果、考察と、問題解決の過程に沿っていることがわかります。このノートで言えば、先生は、先に子どもに書かせたい「考察」の文言を考え、「問題」の部分を考えるということになります。そして、途中の実験や結果の書き方を考え、問題に対して実験方法や、結果、考察の書き方が一貫しているか見直します。

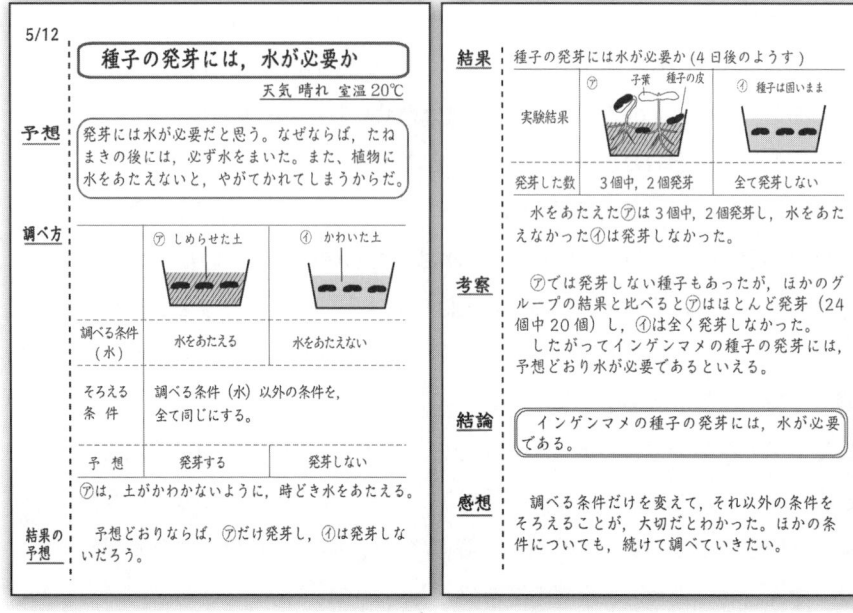

　このようなノートを、ひとつの理想型として意識することで、子どもに身につけさせたい言語力が明確になるとともに、言語力の育成も目標とした理科の授業が展開できるようになります。

・・・・・・・・・・・・・・ **つながり・かかわり・わかりあい** ・・・・・・・・・・・・・・

> さて、次は「理科」について考えていきましょう。
> 初めて理科を担当する、久しぶりに理科を教えるという先生には学習指導要領の確認にもなるでしょう。年間指導計画を立てる前に読んでいただければ効果的ですよ。

第2章
理科の授業を担当することが決まったら

Ⅰ 理科の学習活動をイメージする
1 理科の目標や内容区分を確認する
- 教科の目標
- 内容区分と系統性
- 各学年の重点

2 1年間の学習活動をイメージする
- 小学校理科の内容構成
- 1年間の学習活動の概要
- 1年間の学習を充実させる条件

3 今、求められている学習活動に留意する
- 実感を伴った理解
- 言語活動の充実

Ⅱ 年間指導計画案を書く
1 必要な情報を収集して整理する
- 教科書を確認しながら
- ウェブサイトの情報を活用する
- ちょっとした工夫で

2 活用しやすいフォーマットを考える
- 1単元1枚のカード型年間指導計画案の提案
- 1年間の学習計画を見通す資料の作成

Ⅰ．理科の学習活動をイメージする

第2章 理科の授業を担当することが決まったら

Ⅰ 理科の学習活動をイメージする

小学校の「理科」という教科を理解するための基礎・基本的な事項と、年間指導活動計画を立てるまでの留意事項について確認していきます。

1 理科の目標や内容区分を確認する

小学校の理科の「教科の目標」をイメージするとともに、「内容区分と系統性」、「各学年の重点」を確認していきましょう。

○ 教科の目標

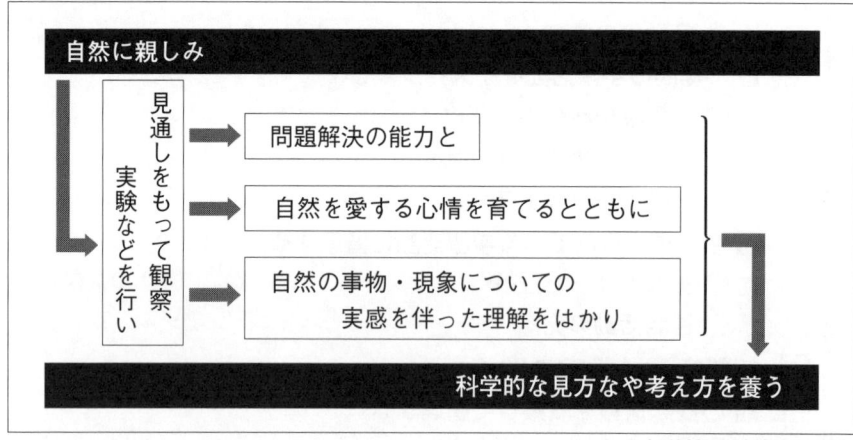

小学校理科教育の目標

小学校学習指導要領（平成20年3月告示）理科の目標を図式化してみました。ここでは、「自然に親しむ」ことをスタート地点、「科学的な見方や考え方を養う」ことをゴール地点として理科の学習をイメージしてみましょう。

ゴールまでの道のりには自然の事物・現象に関する様々な「なぜ・どうして」が隠されています。まず、それを自分で見つけなければなりません。次に、「〜だからではないか」「そう考える理由は」と仮説を立てます。そして、「もし〜

だとしたら、こういう実験で確かめられるはず」と見通しをもって実験などを繰り返し行います。最後に、結果をていねいに考察しながら結論を導き出していきます。これで一歩前進です。

ただし、一人で行動するのではありません。必ず「友達」がいます。友達の考えを聞き、自分の想いを伝え、話し合った結果を表にしたりグラフにしたりしながら、みんなで協力して「なぜ・どうして」を解決していきます。「みんながゴール」することを目標に前進していきます。

この過程を積み重ねていくことで、問題解決の能力・自然を愛する心情・自然の事物・現象についての知識や技能を身につけるとともに、言語力と「共生の感性」を育みながら、ゴール（科学的な見方や考え方を身につけること）に迫り続けるのが理科という教科の学習です。

○ 内容区分と系統性

小学校理科の内容は、対象となる「自然事象の特性」と、その自然の事象と向き合う「子どもの見方や考え方」などに基づいて、「A 物質・エネルギー」「B 生命・地球」に整理されています。

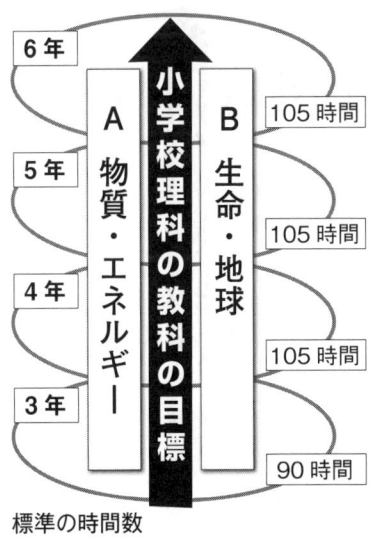

標準の時間数

「A 物質・エネルギー」は、「物質」が化学的領域、「エネルギー」が物理的領域となり、中学校の第1分野につながります。「粒子」「エネルギー」といった概念を柱として高等学校まで系統的に構成されています。

「B 生命・地球」は、「生命」が生物的領域、「地球」が地学的領域となり、中学校の第2分野につながります。「生命」「地球」といった概念を柱として高等学校まで系統的に構成されています。

小学校理科の学年目標は、対象となる子

Ⅰ. 理科の学習活動をイメージする

どもの（年齢による）発達や成長の一般的特性などにより、系統的に積み上げていくことを重視して構成されています。また、各学年目標は「A 物質・エネルギー」「B 生命・地球」の2つの区分に対応する形で示されています。

理科の標準の時間数は、3年生は90時間、4年生以上は105時間です。4年間をトータルすると405時間となります。

○ **各学年の重点**

小学校理科では、各学年で重点を置いて育成する問題解決の能力として、

> 3年生：比較する能力（… を比較しながら調べ、…）
> 4年生：関係付ける能力（… と関係付けながら調べ、…）
> 5年生：条件制御の能力（… 条件に目を向けながら調べ、…）
> 6年生：推論する能力（… を推論しながら調べ、…）

を（学年目標に）位置づけています。

これらの問題解決の能力は、各学年の「A 物質・エネルギー」の目標にも、「B 生命・地球」の目標にも位置づけられていますので、対象となる自然事象の特性などを問わずに育成していくことになります。

また、重点を置く学年は決まっていますが、その学年だけで指導を完結するというものではなく、積み重ねながら高め続けていくものであることを理解してください。

さらに、問題解決の能力は、理科だけに必要な力ではなく、未来を築いていく「生きる力の基盤」になりますので、学校教育の最重要キーワードとしても認識しておきましょう。

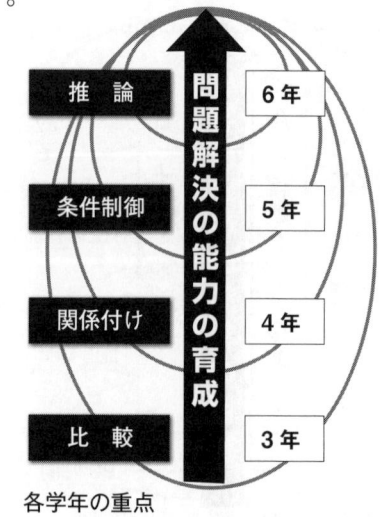

各学年の重点

小学校学習指導要領解説理科編を愛読書に！

　この節で述べてきた内容は、現職の先生方には「確認する程度」で十分なものなのです。しかし、「学習指導要領」について学んだことがない学生のみなさんには、少し（だいぶ？）難しかったと思います。

　まずは、小学校学習指導要領解説理科編の「第1章総説」を読んで、学習指導要領が改訂された経緯と、理科改訂の趣旨を理解しましょう。（だいたいの流れがわかれば十分です）

　次に、「第2章理科の目標及び内容」を読み、理科の目標が意図するもの、内容区分、学年目標などついて理解を深めましょう。（理科の目標についてはしっかり読みましょう）

2 1年間の学習活動をイメージする

　小学校の理科で学習する全内容の位置付けを確認するとともに、各学年の「年間指導計画」を立てるときの手順と留意事項について考えいきましょう。

○ 小学校理科の内容構成

内容構成		3年	4年	5年	6年
A 物質・エネルギー	エネルギー	風やゴムの働き 光の性質 磁石の性質 電気の通り道	電気の働き	振り子の運動 電流の働き	てこの規則性 電気の利用
	粒子	物と重さ	空気と水の性質 金属，水，空気と温度	物の溶け方	燃焼の仕組み 水溶液の性質
B 生命・地球	生命	昆虫と植物 身近な自然の観察	人の体のつくりと運動 季節と生物	植物の発芽，成長，結実 動物の誕生	人の体のつくりと働き 植物の養分と水の通り道 生物と環境
	地球	太陽と地面の様子	天気の様子 月と星	流水の働き 天気の変化	土地のつくりと変化 月と太陽

Ⅰ．理科の学習活動をイメージする

　小学校理科の学習内容は、p.29 の表のようにとてもわかりやすく、学年間の系統性も一目瞭然、理路整然と構成されています。この内容をそのまま大きな「学習単元」と考えても問題はありません。

　ただし、子どもの見方や考え方、地域の特色、季節の変化、他教科との関連などを考慮したときに、いくつかに分けて学習することが有効な場合もありますので、より教育的な観点から年間計画を立案しましょう。

> **NOTE**
> **単元とは**
>
> 子どもが学び続ける過程における「学習活動としてのまとまり」を「単元」と呼びます。小学校の理科では、「電気のはたらき」「人の体のつくりと運動」「月と星」など、学ぶ内容のひとまとまりを単元と考えます。

辛甘コラム

本音？　じゃあ、言わせてもらうけど…

「粒子とかエネルギーとか、正直なところよくわからないんですけど………」

　わからなくて大丈夫です。逆に意識しすぎると、子どもの論理とかけ離れた授業をすることになってしまいます。「エネルギー」「粒子」「生命」「地球」という単語は、理科の内容をわかりやすく構造化するための４本柱だと考えましょう。（まあ、大人の都合なんですけどね…。）

　科学の最先端においても「わからないことだらけ」なのです。素粒子とかニュートリノとか人工多能性幹細胞（iPS 細胞）とか反物質とか、ニュースにはよく登場する単語ですが、理解できている人は「ほんの一握りの科学者」だと思います。ですから、子どもから質問されても「わかったふり」をせず、「先生もよくわかっていないんだけど」と答えればいいのです。

　ただ、そういう最先端の研究に（国際的な視点から）到達できる科学者の育成も意識しての４本柱ですから、小学校の先生も未来のノーベル賞受賞者の恩師になることを目指してちょっとずつ勉強してみましょう！

◯ 1年間の学習活動の概要

理科の年間指導計画の概要を作成する一般的な手順（第1ステップ）を下記に示します。様々な情報を有効に活用しながら、より良い指導計画を効率的に立案するイメージを描きましょう。

第1 ステップ

① 学習指導要領の内容と教科書の学習単元を確認する。
② 教科書の年間指導計画から単元の配当時間を抽出する。
③ 学校や学年の年間行事計画を確認する。
④ 理科の授業を月案（週案）に位置づけていく。

①については、「プロ」としての仕事です。どの教科においても確認する習慣を身につけましょう。②については、教師用指導書や教科書会社のウェブサイトから情報を得るようにしましょう。③と④については、年度末にあわてることのないように、ゆとりをもった位置づけを心がけましょう。

共生・共育

みんなでできる・みんなでわかる

◆◆「ノーマライゼーション」という理念から◆◆

ノーマライゼーションとは、例えば、「（軽度な）発達障がいがあっても、定型発達の児童と区別されることなく、学校生活を共にする場を構成していくのが正常なことであり、本来の望ましい姿である」と考えることができるでしょう。

しかし、特別支援教室や通級（及び通常の学級において特別の教育課程によることができるもの）に関する実践的な研究は始まったばかりです。LD、ADHD、高機能自閉症などの単語は数多く目にするようになりましたが、年間指導計画にきちんと位置づけられた例は数少ないのが現状です。

計画に記入はしなくても、ときどき立ち止まり、みんなでできることに「心を配っている」かどうかを自省するところから始めましょう。

Ⅰ．理科の学習活動をイメージする

4年の内容と学習単元

4年：関係づけ

学習指導要領		教科書の学習単元と配当時間	
A 物質・エネルギー	電気の働き	④電気の働き	10 (1)
	空気と水の性質	③空気と水	7 (0)
	金属、水、空気と温度	⑧自然の中の水	6 (0)
		⑨水の3つのすがた	8 (1)
		⑩ものの体積と温度	8 (0)
		⑬もののあたたまりかた	8 (1)
B 生命・地球	人の体のつくりと運動	⑪人の体のつくりと運動	6 (0)
	季節と生物	①あたたかくなって	6 (0)
		⑤暑い季節	5 (1)
		⑦すずしくなると…	5 (1)
		⑫寒さの中でも	7 (2)
	天気の様子	②1日の気温と天気	6 (0)
	月と星	⑥月と星	8 (0)
		・夏の星-もうすぐ夏休み	2 (0)
		・冬の星	4 (1)
※		※もうすぐ5年生	1 (0)
		（　）内の数字は選択可能な時間数　計97 (8)	

　左の表は、第4学年の内容と教科書の学習単元を対照させたものです。配当時間については年間指導計画作成資料をダウンロードして当てはめました。

　教科書では一般的な進行順序としての配列（右の表では①～⑬の数字）が示されていますが、学校の実態などに即して単元を入れ替えることは可能です。その際には子どもの思考に無理がないか十分検討することも忘れないようにしましょう。

　また、大型連休・夏休みや冬休みなどの長期休業期間及び学期制にも配慮しながら、子どもの学習活動を途切れさせない（飼育・栽培活動にも支障のない）計画を立てましょう。

○ 1年間の学習を充実させる条件

　理科の授業を充実させるためには、学習環境を整備することが必要になります。下記の手順（第2ステップ）を参考に、1年というスパンでできることを可能な限り（できるできないは別にして）イメージしてみましょう。

第2 ステップ

① 飼育小屋・学校園・学年園などを活用した飼育栽培計画を立案する。

② 野外での観察活動など地域の自然と触れ合う活動を取り入れる。

③ 博物館や科学学習センターなどと連携・協力した活動を取り入れる。

④ 理科室の機器備品などを調べ、購入が必要な物の一覧表を作成する。

⑤ 遠足や野外体験教室、臨海学校などに取り入れる学習を検討する。
⑥ 国語科の年間指導計画と連動させた言語活動の充実を検討する。
⑦ 道徳の時間の指導と飼育栽培単元との関連を検討する。
⑧ その他の教科等の学習活動と関連させた指導が有効な単元を研究する。

①については、前年度から準備を進めておくのが通例ですが、今からでも間に合うと考え早急に取りかかりましょう。②については、学校周辺の自然環境の調査から始めましょう。③については、出かけるだけでは意味がありませんので、事前事後の授業を含めた形で担当者と相談しましょう。

④については、理科主任や前年度の理科担当者に確認するのが効率的です。個人で使用する教材については学年主任と相談しましょう。⑤については、目的地・施設周辺の環境など状況に応じて取り入れましょう。②や⑤のような活動においては「安全」を最優先させてください。

⑥については、言語活動の充実のためにも検討しておきたい事項です。国語から理科、理科から国語という学習のつながりを意識しましょう。⑦については、生命尊重・自然環境の保全などの観点から関連させるようにしましょう。

⑧については、ひらめきとアイデアで無限のつながりが生まれます。

3 今、求められている学習活動に留意する

1年間の学習活動がイメージできた段階で、時代や社会の要請に即したエッセンスのふりかけ方を検討しておきます。ここでは、「実感を伴った理解」と「言語活動の充実」の2点についてポイントだけ押さえておきます。

○ 実感を伴った理解

小学校学習指導要領（平成20年3月告示）理科の目標では、「自然の事物・現象の理解」に「実感を伴った」という言葉が付け加えられました。この「実感

I．理科の学習活動をイメージする

を伴った理解」については、次の3つのキーワードで理解しましょう。

> ①「体得」：具体的な体験を通して形づくられる理解
> ②「会得」：主体的な問題解決を通して得られる理解
> ③「納得」：実際の自然や生活との関係への認識を含む理解

特に重視したいのは③の「納得」です。理科の学習で学んだ自然の事物・現象の性質や働き、規則性などが実際の自然の中で成り立っていることに気づいたり、生活の中で役立てられていることを確かめたりすることにより、本当の実感を伴った理解を図ることができます。これは、理科を学ぶことの意義や有用性を実感し、理科を学ぶ意欲や科学への関心を高めることにつながります。

○ 言語活動の充実

OECDのPISA調査など各種の調査から、「読解力」「思考力」「判断力」「表現力」などの基盤となる「言語力」の育成が日本の教育の課題として示されています。理科教育においても、今まで以上に意識して言語活動を取り入れる必要があります。

学習指導要領では、「観察、実験において結果を表やグラフに整理し、予想や仮説と関係付けながら考察を言語化し、表現すること」が取り上げられています。しかし、それだけでは「充実」とはいえません。もう一歩も二歩も踏み込んだ言語活動を取り入れていきましょう。

先生になるために、今からひとつずつ！

1年間の指導計画案を作成するためには、知識・経験・センスが必要になります。特に「第2ステップ」で紹介した項目は、「総合的な教員力」がなければ検討できない内容です。「私にできるだろうか？」と心配になるでしょうが、今は焦らず、ひとつずつていねいに学んでいきましょう。

ここでは、小学校学習指導要領解説理科編の「第4章指導計画の作成と内容の取り扱い」を読んで、配慮しなければならない事項について理解を深めましょう。（先生の仕事の大変さがわかれば十分です）

II 年間指導計画案を書く

> 年間指導計画を書くのは、「そのときになって困ることがないように1年間の見通しを立てる」ためです。理科は実験観察・野外活動・飼育栽培などが授業に位置付きますから、多面的な配慮が必要になります。

1 必要な情報を収集して整理する

前節と重複する内容が多くなりますが、年間指導計画の立案を教員力（教育技術）として身につけるために、ひとつずつ確認していきたいと思います。

○ 教科書を確認しながら

年間指導計画案は、各単元の指導計画とは異なり、1年間の見通しを立てるための資料です。ですから、「大まか」なものでいいのです。ただし、各単元計画を立てる段階になって、「あれがないこれがない」「遠足の目的地を考慮しておけば良かった」「教科書が最後まで終わりそうにない」などなど、あわてたり後悔したりすることのないように、最低限の内容は書いておきましょう。

では、何を書いておけばいいのでしょうか。必要最小限の項目は、「いつ・どこで・何を使って・何を学ぶか」だと思います。

◇「いつ」：何月の第何週頃に学ぶ予定なのかを計画します。
- 学期の始まりと終わりを見通しながら、地域の気候などの特性を考慮して計画します。特に、季節に関する単元や生き物に関連する単元に注意しましょう。また、飼育・栽培を必要とする単元については、ゴールデンウイークなどの大型連休や夏休みなどの長期休業期間に対する配慮も必要です。

◇「どこで」：野外活動などとの関連に留意して計画します。
- 野外（校外）活動が必要な単元を抽出します。学校の周辺を徒歩で観察するような場合はメモ程度で十分ですが、バス移動を伴うような場合はある程度の内容を検討しておく必要があります。目的地・移動方法・所要時間・予算など、見通しを立てておきましょう。その際、遠足などと関連付けることが可能か、総合的な学習の時間と結びつけることが有効かなどについても検討します。

Ⅱ．年間指導計画案を書く

◇「何を使って」：使用する機器備品・消耗品等を確認しながら計画します。

- 教科書を１ページずつ確認しながら、必要な機器備品・消耗品をひとつずつ書き出していきます。面倒な作業に思うかもしれませんが、これを行うことによって各単元の目標や内容や展開についてイメージを描くこともできるので、実は「一石二鳥」以上の効果があるのです。何を置いても「ここだけは」気合いを入れて調べましょう。

例えば、下のページからは何を準備物として抽出すればいいでしょうか。

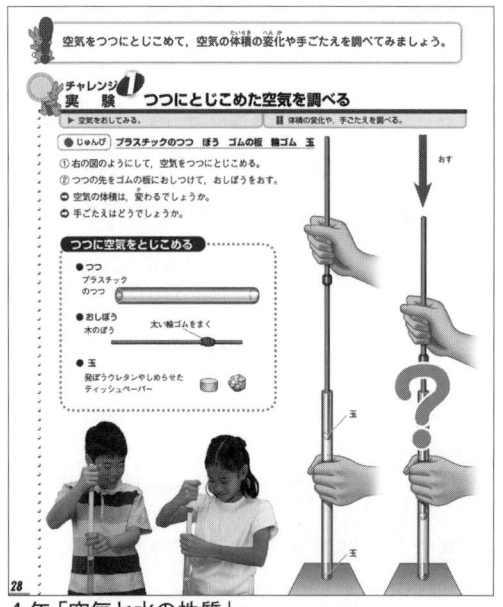

プラスチックの筒、木の棒、ゴムの板、太い輪ゴム、玉（発泡ポリウレタン）…とチェックしておきます。

これを、全ページ行うわけですから、大変なのは確かですが、これをやっておかないと、理科室でのチェックもできませんし、新規購入（学校で消耗品として購入が可能か、個人として購入してもらうことが可能かなど）の検討も依頼できなくなります。

４年「空気と水の性質」

◇「何を学ぶか」：各単元の目標を再度確認しながら計画を見直します。

- ここまでの作業（教育活動）過程において、各単元の目標もイメージできていると思います。この段階では、学習指導要領解説（の学年目標と内容）と教科書（の見出し文）を確認しながら、ポイントを押さえた短い文章にまとめていきましょう。

○ ウェブサイトの情報を活用する

例えば、学校図書株式会社のウェブサイトから小学校理科のページへ進むと、下記のようなメニュー画面が示されます。

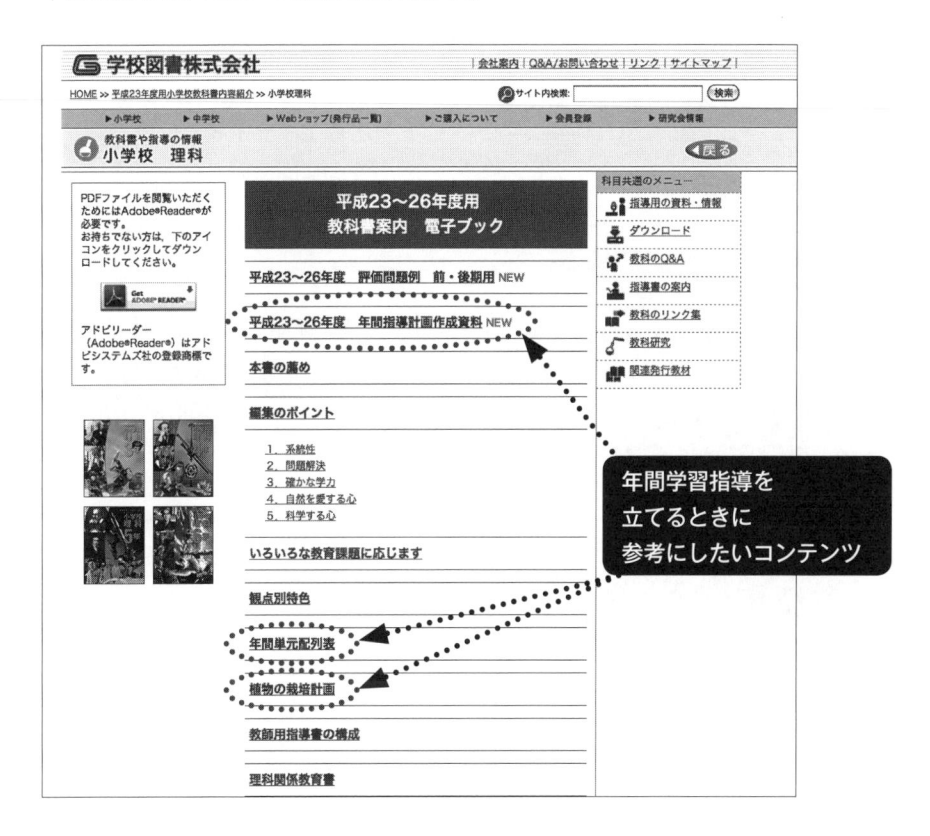

すべてのコンテンツを一読することをお勧めしますが、年間の指導計画を立てる場合は、「年間単元配列表」「植物の栽培計画」「年間指導計画作成資料」の順に目を通していきましょう。

まず、「年間単元配列表」から標準的な単元配列と標準時数(教科書会社では何時間計画としているか・調整可能な時間数は)などを確認します。

次に、「植物の栽培計画」から教科書で扱う植物と学習指導要領との関係を理解します。そして、種まきや植え付けの時期を確認します。この時期については、

II. 年間指導計画案を書く

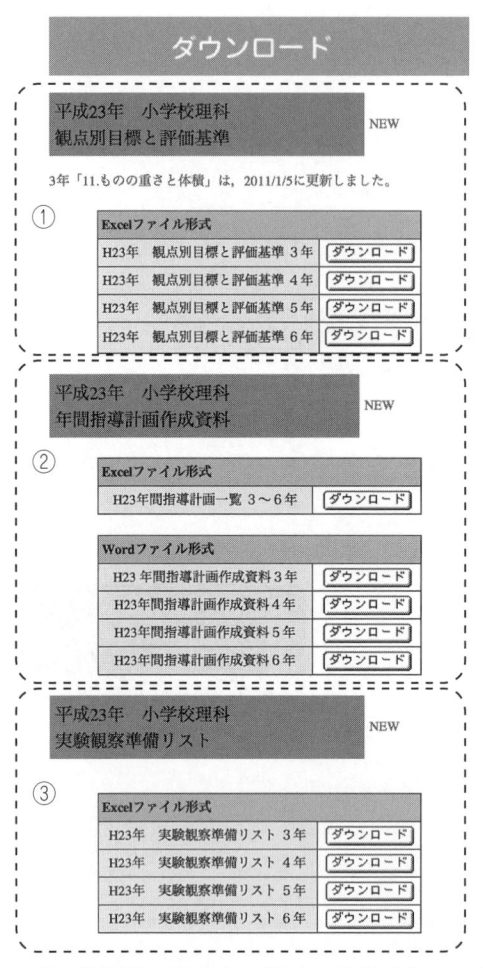

寒冷地と暖地が別に示されていますので、地域の特性に応じて参考にすることができます。

最後に、「年間指導計画作成資料」を活用します。この教科書会社のウェブサイトでは、
① 「観点別目標と評価基準」
② 「年間指導計画作成資料」
③ 「実験観察準備リスト」

の3種類の資料が提供されていますが、この段階では②と③をダウンロードすれば十分です。

②のファイルからは、「月・単元と目標・配当時間・主な学習活動」に関する情報を得ることができます。

③のファイルからは、「学期・月・単元名・時・ゆとり・単元目標・単元名・生き物・飼育・栽培道具・実験観察用具（備品）・実験観察用具（補助）・薬品」に関する情報を得ることができます。

「これだけの情報があるなら最初からそのまま活用すればいいではないか」という捉え方もあると思いますが、そうしてしまうと「見落とす」ものがたくさん出てくるのです。参考資料は、あくまでも「参考」に過ぎない「資料」なのです。勤務する地域の特徴・学年園などの管理状況・理科室の機器備品の保管状態、そして「目の前の子ども」を見落とさないような計画立案を目指しましょう。

○ ちょっとした工夫で

　いろいろな情報を整理したところで「いざ、年間指導計画執筆」となるわけですが、その前に、ちょっとした工夫の仕方を伝授しておきます。といっても、ベテランの先生方にはお馴染みのコツなんですが…。

◇「学期末から計画を立てる」：締め切りの考え方を導入します。

　提出物に締め切りがあるように、理科の学習にも締め切り（区切り）があります。「3年生の最後の単元が終わらなかったら、4年生の4月にやってもらっていいかな？」なんて、できるはずがありませんよね。

　でも、「最後の単元、時間が足りなくなったので、8時間計画を3時間でまとめちゃったよ」「学期末にたまっていたテストを3枚一度にやらせちゃった」という声は（数多く）耳にします。特に、若い先生は学習進度のイメージが描けないため、成績処理の時期になって悪戦苦闘しているようです。

　先生の見通しの甘さが、子どもの貴重な学習時間を奪う結果につながるのです。本来ならば実現していたはずの成長や発達を阻害することになります。計画性のない先生が担任になることは、子どもにとって最も不幸なことです。

　そういう事態に陥ることがないように、次の手順で各単元の学習時期を位置づけてみましょう。

①学期末に「調整時間（ゆとりの時間）」を位置づける。
②学期末の単元から（逆算的に）単元を位置づけていく。
③GW、夏休み、冬休み前に単元を一区切りできるように調整する。

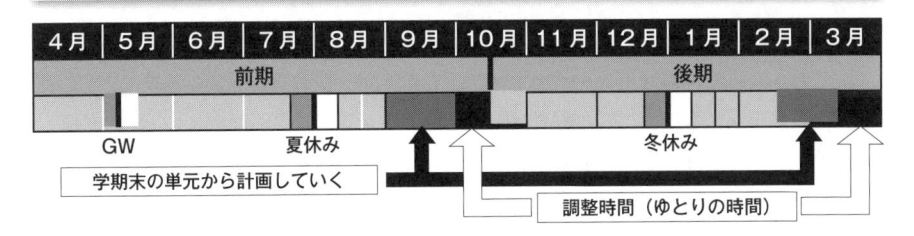

　たったこれだけの工夫ですが、「やるべきことをきちんとやる」ことを意識するようになり、確実に教員力がアップします。

◇「理振法で整備する」：必要な経費を国が補助してくれる場合があります。

「理科の授業で活用したいと想定していた機器・器具などの設備が勤務校にないので、教科書を読む事で実験観察をしたことにしよう。」と先生があきらめたら、これまた子どもにとっての不幸です。

そんなとき、「理振法（正式名称は「理科教育振興法」）」で整備することができないか、理科主任や事務担当者と相談してみましょう。初めての場合は面倒に思うかもしれませんが、手順に従って行えば誰でもできる簡単な手続きです。

また、「理科少額設備費」（地方自治体が独自に予算措置して比較的少額の理科設備を整備する制度）も活用できますから、実験・観察などの授業に必要な理科教育等設備は教育委員会などに要求して整備を進め、子どもたちの未来のために充実した教育を行いましょう。

> **NOTE**
> **理振法とは**
> 都道府県や市区町村又は学校法人が設立する小・中・高等学校等において、理科、算数・数学の教育に必要な設備をするために必要な経費を、国が補助する制度を定めた法律です。
> （昭和28年（1953年）8月に議員立法で成立した法律です。）

共生・共育

みんなでできる・みんなでわかる

◆◆「人・物・金・時間・情報」という考え方から◆◆

これらの要素、言語活動や理数教育、そして特別支援教育の充実を実現するためには必要不可欠なことです。理科に限って言えば、全国の小学校すべてに（特別支援を理解した）理科支援員が配置されることが期待されます。

しかし、今できることを考えると、「だれもがより安全に実験や観察ができる機器備品（消耗品）」の購入を検討することだと思います。カタログよりも実物を見て・触れて、「子どもの目線で選ぶ」ことを心がけましょう。

2 活用しやすいフォーマットを考える

　事務処理として作成するだけなら、教科書会社が提供する資料を印刷して提出すればいいでしょう。でも、それは単なる作業ですから、記憶にも残りませんし力量アップにもつながりません。プロフェッショナルの流儀としてより良い授業構築を目指すならば、活用しやすい指導計画案を作成しましょう。

○ 1単元1枚のカード型年間指導計画案の提案

　活用しやすい計画案の条件を考えてみましょう。

> ① 必要（十分）な情報が書き込めること：言語活動も意識する。
> ② 情報を視認しやすいこと：一目で確認できるようにする。
> ③ 情報を加除しやすいこと：必要なスペースを十分確保する。
> ④ 次年度に引き継ぎができること：改善案を加えた財産にする。

　①についての「必要な情報」とは（ここまでに述べてきたものを整理すると）、次の17項目で十分だと思います。

- 「期」：前期・後期あるいは1学期・2学期・3学期。
- 「月」：その単元を学習する月。
- 「週」：その単元を学習する週。
- 「単元名」：学習順としての番号と単元名。
- 「時間数」：その単元を学習する時間数。
- 「調整時数」：ゆとりの時間。
- 「単元の目標と内容」：指導要領・指導要領解説と教科書から抽出。
- 「主たる活動」：教科書から抽出。
- 「生き物（飼育・栽培）」：学習に必要な生き物と飼育・栽培の計画。
- 「実験観察器具（理科室機器備品）」：教科書等から抽出。
- 「実験観察補助具（消耗品）」：個人購入の教材などについても検討。
- 「薬品」：教科書等から抽出。薬品庫の管理についても配慮。

Ⅱ．年間指導計画案を書く

- 「野外活動（その他の活動）」：学校行事等との関連についても検討。
- 「購入が必要な物品」：不足している物品等について調査。
- 「活用する視聴覚教材」：映像教材（DVD）等について調査。
- 「言語活動の充実」：国語科の目標・内容と関連させた活動を検討。
- 「報・連・相」：野外活動や購入品等に関する手続きを計画。

②〜④については、決まった型があるわけではありませんから、自分の情報処理技能にぴったりのものを創造しましょう。「見やすく・書きやすく・付け加えができる」ものならば問題ありません。

年間指導計画を立てるのが初めての人には、下に示すカード型（1枚1単元型）の様式をおすすめします。私の場合は、これをA4サイズのマット紙（やや厚めの紙）に印刷して使います。小学校理科の場合は、年間の学習単元数が10前後ですから、15枚程度印刷して簡易製本しておけばすぐに使えます。

白地の部分は、学習指導要領・教科書・教科書会社提供資料・学校行事予定表などがあれば、すぐに記入できる部分です。その他の部分については、関連する情報を収集・整理しながら記入していきます。

1単元1枚のカード型年間指導計画案

○ 1年間の学習計画を見通す資料の作成

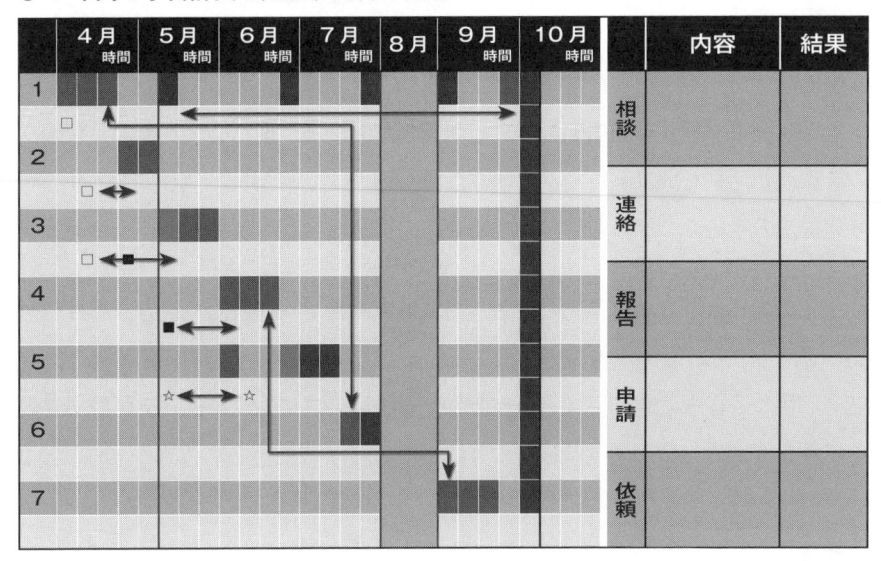

　年間指導計画案の作成と並行して、「1年間を一目で見通せる資料」を作りましょう。上に例示したのは、前期・後期制をそれぞれ1枚ずつのカードにまとめるタイプです。この資料を作成する際に配慮したいのは、各単元の系統的なつながり・飼育栽培の準備・機器備品等の確認・学校側への報連相・保護者への連絡など、時期や月日（締め切り）が決まる事項についてしっかりとした「見通し」を（プロ教師として）意識することです。

　もう少し具体的にすると、
- 学年園を耕したり肥料を入れたりする時期、種（あるいは苗）を購入する時期と購入店、種をまく（あるいは苗を植える）時期を書き入れる。
- 各単元に関連した図書館資料（図書、視覚聴覚教育の資料など）の情報を整理して子どもに提供する参考図書一覧表を提示する時期を書き入れる。
- 理科でよく登場する「身の回りのいろいろな物」について、該当しそうな物を数ヶ月前から何気なく置いておく「仕込み」の計画を書く。
- 理科関連の野外活動や個人購入の教材などについて、（学期始めの保護者会に

おいて説明するための）資料を作成する締め切り日を書き入れる。
- 野外活動の2週間前までに、（持ち物・服装・靴・帽子・お弁当・雨天時についてなど）詳細を記した学年だよりを出すことを書き入れる。
- その時期に学習する国語の教材文と関連させながら、理科のまとめで「説明文を書く」活動を取り入れた自己研修計画を書く。
- 理振法の手続きの締め切り日、成績資料の提出日などを書き入れる。

　提出の義務がなければ事細かに書く必要はありません。また、自分がわかればいいのですから「記号」を駆使するのもいいでしょう。教師専用の記録簿・週案等を利用するのも効果的ですが、自分が一番使いやすい型（書式）を創り出すのも年間指導計画立案の醍醐味なのです。

辛甘コラム

本音？　じゃあ、言わせてもらうけど…

「年間指導計画は誰もが作らなければならないものなのですか？」

　もちろんです。計画を立てずに（年間の配当時間数ぴったりに）全単元の内容を完全に習得させる自信があれば必要ないかも知れませんが、そんなこと不可能ですよね。まあ、新任教員ならば理科主任などが作成した計画通りに進めておけば……　って、甘えていてはいけませんよ。お給料をいただいているわけですから、しっかり働いてください！

　と、厳しいことを言いましたが、実際のところ一人ひとりが（担当学年全教科等の）年間指導計画を作成している時間は無いと思います。分掌等で理科の計画を立てなければならなくなったときは、教科書会社等が提供している資料を有効活用して作成しましょう。他の先生が作成してくれた場合は、その計画をしっかり読み込んで1年間をイメージすればいいでしょう。

　いずれの場合もポイントはひとつ、「この地域のこの学校のこの子どもたちにとって最適な計画になっているか」です。自分が指導する子どもたちを思い描きながらより良い授業が実現できる計画を！

ちょっと長いですが、「報連相」はとても大切なことなので

　「報連相」は学校に限らず「組織で働く」場合の「合い言葉」だと心に刻みましょう。「報告」はひとつの活動が終了した段階で結果・事実を正確に伝えることです。「連絡」はその都度（途中経過などの）情報と予測を伝えることです。「相談」は意見を伺ったり話し合ったりすることです。学校という職場は、いろいろな人の力が結びつくことで機能するように組織されています。担任が一人で何でもやる（何でもできる）なんて考えないでくださいね。

　この「報連相」を怠ると、わけがわからないまま日々の教育活動をすることになりますから、（特に初任〜3年目ぐらいまでは）大した問題ではなくてもいろいろな「報連相」を積み重ねましょう。

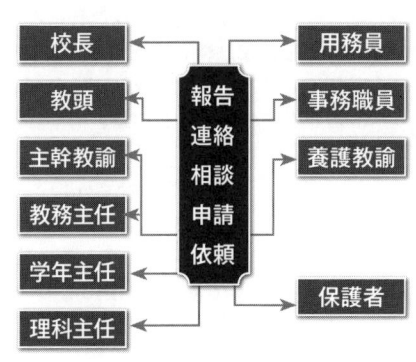

　右の図は、私がいつも心がけている「報連相図」の小学校版です。人間関係を築く貴重な場にもなりますから、1週間に一度は（用がなくても）近況報告を心がけるといいですね。保護者への報連相は、「学級だより」や「連絡帳」「本読みカード」などを活用しましょう。

小学校理科における「報連相図」

　さて、ここで問題を出します。どこへ・どのように「報連相」するのか、その場面を想定しながら（必要なものすべてを）考えてみてください。

- ①理科の時間の中で（バスを使って）川の流れの観察に出かけたいとき。
- ②授業中にビーカーを割ってしまった子どもがいたとき。
- ③学年園にキャベツの苗を植えたいとき。
- ④電子天秤の数を増やしてもらいたいとき。
- ⑤夜、子どもを学校に集めて星見会をやってみたいとき。
- ⑥授業時間が足りずにすべての単元が終わりそうもないとき。

············· **つながり・かかわり・わかりあい** ·············

> 学校の先生ってたいへんな仕事なんですね。
> 小学生の頃は何にも考えないで授業を受けていたけどその裏ではすごい準備をしてくれていたんですね。
> 私でも先生が務まるのか、心配になってきました。

> 学生のみなさんにとっては、まだまだ驚くことが多いと思いますよ。楽しい授業の実現には「先生の弛まぬ努力」が不可欠なのです。相当な時間も必要になりますよ。
> でも、「先生になりたい！」という志を持ち続ければ、どんどん教員力が身についていきます。だいじょうＶ！！。

> なんとなく１年間の学習活動をイメージすることができました。フォーマットを参考に必要な事項を書き込んでいこうと思います。
> ただ、理科の授業そのものについて、まだイメージがわかないですねぇ。他の教科等と考え方を変えなければならないんですか？何せ初めてのものですから…。

> では、次章では「理科の特性」「理科の目標と内容」を意識した「理想的な理科の授業」を考えていきましょう。
> 他の教科との共通点と差異点を意識しながら読み進めていけば、理科という教科の本質が見えてくると思います。
> また、「単元」をキーワードに位置づけながら学習のまとまりを考えていきますので、理科の授業について俯瞰的にイメージできるようになるはずです。

第3章
いざ授業！－明日の理科を考える

Ⅰ 理想的な理科の授業をイメージする
1 どんな授業が理想的なのか
- 子どもの未来を創るのは「理科」という意識
- 理科の授業はおもしろ科学教室ではない
- 実験や観察などを核とした理科授業の考え方

2 問題を見いだし解決していく学習課程
- 問題解決学習の環境を整える
- 螺旋型の学習課程を意識する

Ⅱ 単元を計画する
1 単元全体を構想する
- 小学校理科の単元構成
- 単元全体を構想する段取り

2 単元の指導計画案を書く
- 単元の指導計画を書く際の留意点

Ⅲ ゼロから単元を創造する愉しみ
1 思いつきを書き出していく
- 楽しさだけを追究する価値
- 楽しさを学習計画に位置づける
- 単元全体の展開イメージを描く

Ⅰ．理想的な理科の授業をイメージする

第3章 いざ授業！－明日の理科を考える

Ⅰ 理想的な理科の授業をイメージする

単元の指導計画を立てるためには、「単元全体」における「子どもの変容」を常に意識しながら、1時間ごとの授業構想を積み重ねていくことが必要になります。理想的な理科の授業を思い描きながら、明日の授業構想を考えていきましょう。

1 どんな授業が理想的なのか

小学校の理科の授業について、「子どもがよりよく生きていくために」「今・何を・どのように」指導するのが相応しいのか、これからの時代の教育観を確認しながら考えていきましょう。

○ 子どもの未来を創るのは「理科」という意識

ここでは、教育観というよりも「教育哲学」について考えてみたいと思います。多少重く・固い話になりますが、プロ意識を持って読み進めてください。

さて、地球という星の自然の中で、他の生物の命や様々な資源をいただきながら生きているのが私たち（人間）です。より良い生活のために、科学を発展させ技術を進歩させ今日の文化を築いてきました。

ところが、その科学の発展が人々の生活を脅かしたり、好き放題使ってきた地球の資源にも底が見え始めたり、人間の生活を豊かにすることが環境の破壊（他の生物の絶滅など）につながったりしています。

＊48

また、(どの時代においても)人間の「欲望」が紛争・権力闘争を繰り返し、(その時代の)最先端科学技術を駆使した武器で「命の奪い合い」をしています。残念ながら「歴史から学ぶ」ことは成功していないようです。

　だからこそ、これからの時代は「つながり」「かかわり」「わかちあう」ことを中心とした教育が必要になると思います。その際、鍵を握るのが「科学」と「言語」なのです。

　人間は「知り続けたい」「高め続けたい」「より良く生きたい」と考える動物です。ただし、地球の資源や環境、他の国(人)との関係に配慮しなければ「すべてを失う」結末が待っています。どうすれば「誰もが幸せに生きることができるのか」を、科学的・論理的に追究し続けるとともに、子どもたちに負の遺産を残すことのないように考え続けるのが教員の責務なのです。

　一方、人間は「言葉で考える」ことにより、これまでの社会や規範や構造を作ってきました。さらに、文字を使うようになってからは、飛躍的に科学技術が発展しました。大げさに言えば、「言語活動が世界を作ってきた」のです。

　言葉の力は絶大なものであり、人々がその意味・概念を共有することで「ルール」や「モラル」や「常識」を築き上げます。お互いに助け合って生きていくのが正しいと考えられるときもあれば、国のために自分の命を投げ出すことが正しいと考えられるときもあります。

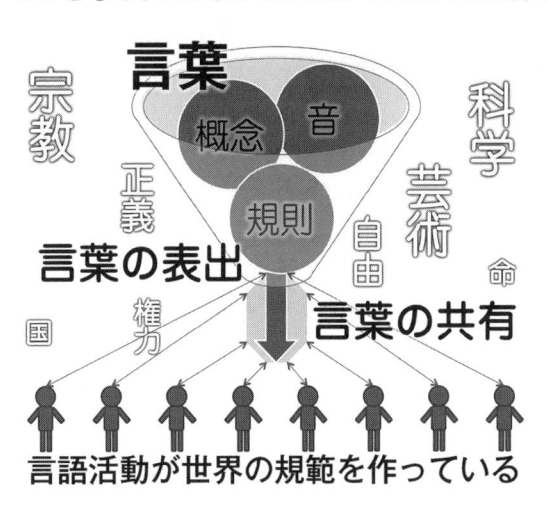

　自他の命を大切にしないこと、科学技術を戦争に使うこと、人間のためだけに地球の資源を使うこと、自分の生活だけをよりよくすること…。何が正義なのか、いや、正義とは何なのか。問題から逃げることなく、新しい時代の生き方を「言

葉の力」で問い続ける時代だと思います。

　地球・環境・資源とのつながり・かかわり・わかちあいを軸に、自然科学の問題を追究する能力を育てるとともに、その成果を（言葉を通じて）「伝え合い」「わかりあう」ことができる言語力を養う教科こそ「理科」なのです。「理科」を教えるということは、「地球の未来・人類の明日を創っている！」ことにつながるのです。

辛甘コラム　本音？じゃあ、言わせてもらうけど…

「理科でも言語活動を充実させなければならないのですか？」

　あたり前田のクラッカーです。理科の授業にも「話す」「聞く」「書く」「読む」活動をきちんと位置づけてください。「言語活動を位置づけていると、観察や実験の時間が無くなりませんか？」とか「ノートに書く時間がもったいないので、ワークシートの穴埋めじゃダメですか？」という質問が多い今日この頃ですが、もう一度よく考えてください。

　理科の内容を（知識として確実に）定着させることはとても大切なことです。でも、本当に理解するということは「自分の言葉で思考して納得する」以外に方法がないのです。その際、自分の書いた予想を読み直したり、異なった見方や考え方をしている友達の意見を聞いたり、自分の想いを伝えたりする活動が「理解を深める」のです。

　もう少し言わせてもらうならば、定型発達をした人間は、「言語」を使わなければ「考え判断する」ことも「意思を伝える」こともできないのです。つまり、「言語」がなければ生活することが不可能なのです。「言語活動＝生きる力」なのです。言語活動の充実をスローガンにすることが異常事態だと思ってくださいね。

　今一度言います。「言語活動の充実はあたり前田のクラッカー！」です。「なにはなくとも言語活動！」です。理科の教材研究は差し置いても…とまでは言えませんが、そのくらいの意気込みで位置づけを考えていきましょう。

○ 理科の授業はおもしろ科学教室ではない

　言葉で思考する人間は「知りたがり」の動物です。これまでに経験したことのない自然事象と出会うと、「驚き」とともに「興味」が生まれます。そして、好奇心が沸き起こり、なぜそうなるのかを「知りたく」なったり、同じことを「やってみたく」なったりします。

　ところが、答えがわかったり体験したりすると、それで満足してしまうのか、自分自身による「本質的な理由の追究や追試」に関心が向かないまま（向かせないまま）収束してしまうのが「豊かな時代の人間」の傾向だと思います。

　「なぜ」を深く追究しなくても生きていくことに支障はありません。追試しなくてもインターネットでいつでも調べることができます。困ったことがあっても、ネットでつぶやけば誰かが即応してくれます。科学技術の進歩は、便利さと引き替えに「自分の手で確かめる」「自分の足で出かける」＝「自分で観察や実験をする」という活動を（不要なもの・面倒なこととして）置き去りにしてきたのかもしれません。

　そんな大人社会を見て育つのが今の子どもたちです。また、子どもを取り巻く環境も大きく変化しています。じっくりやってみようと思ったとしても、習い事やら宿題やらで時間を確保できません。外に出て観察したいと考えても「危ないから」と許可してもらえません。面白そうな実験はテレビが代わりにやってくれるので手間や時間をかけることもありません。とりあえず、テストに出るところだけ覚えておけば困ることもありません。

手品は理科の授業じゃありません！

（学生のみなさんへ）

教育実習生の授業を参観すると、手品のような理科授業をしている学生を時々見かけます。子どもの興味や関心を惹き付けることには成功していますが、案の定、「テレビで見たことある！」「知ってる知ってる！」という子どもの反応に翻弄され、学習課題も生まれることなく、意味のない時間が過ぎていきます。学習とは何か、授業とは何かについて、じっくり考えてみましょう。

I. 理想的な理科の授業をイメージする

辛甘コラム

本音？じゃあ、言わせてもらうけど…

確認します！
「あなたの授業はだいじょうぶですか？」

　テレビで放映される「おもしろ実験満載の科学番組」では、現象の不思議さを誇大に演出した後、あっという間に謎解きをしてくれます。本当はとてつもない数の実験や観察、分析や考察があり、何年、何十年もかけて解決してきた問題であっても、次のシーン（CMの後）で解決してくれるのです。

　「なぜだろう？」と思考する時間も与えてくれません。子どもたちは、全く理解できていなくても「わかったつもり」で満足してしまうのです。

　さて、現在行われている理科の授業は大丈夫でしょうか。

　子どもたちを教卓の周りに集めて、先生が得意げに提示実験をします。子どもたちからは「すごい！」「なんで？」等の声が出ます。『みんなもやってみる？』と先生が声をかければ全員が「うん！」と答えるでしょう。グループや個人で実験が行われた後、先生が黒板を使ってまとめをします。『今日やった実験は、実はこういう理由で …。』子どもたちはノートにまとめを写します。最後に先生が『今日の実験、わかったかな？』と聞けば、「はーい！」「楽しかった！」と答えてくれることでしょう。

　この授業、先に述べたテレビ番組と似ているとは思いませんか？理科の授業として「自分の手で実験」する活動は加わっていますが、異なるのはその部分だけです。子どもには「やったことがある」という経験は残るでしょうが、問題解決的な能力や科学的な見方や考え方は何一つ身についていないかもしれません。なぜなら、すべてが「受動的」だからです。どんなに楽しく思えても、「やらされている」活動だけでは「自分で問題を見いだし解決していく能力」は育たないのです。

テレビのおもしろ科学実験番組

問 → CM後 → **答**

自分の言葉でじっくり思考する時間がない

○ **実験や観察などを核とした理科授業の考え方**

　「理科と他教科との違いは何ですか？」と問われれば、「自然の事物・現象を対象としていること」と「観察、実験などの体験を重視していること」と答えるでしょう。そうです。そこに理科の本質があります。

　自然の事象を対象とした体験活動には「実験、観察、飼育、栽培、ものづくり」が位置づけられます。この「体験活動」と、それを認識・理解する「言語活動」を通して「知識・概念・技能・感性・心情」を育むとともに、「言語力」と「科学的な見方や考え方」を養うのが理科という教科の真髄です。

> **NOTE　実験と観察**
> ここでは、自然に対して何らかの操作を加えることを「実験」、自然そのものの中に入り込む活動を「観察」と考えることにします。また、実験については「データ」を、観察については「記録」を、それぞれの「結果」として考えることにします。

　もちろん、実験や観察など体験活動の時間や回数を増やせばいいというものではありません。「目的」が明確になっていない実験や観察は「無意味」であり「無価値」な時間の浪費です。また、目的を意識していたとしても、「結果」を文章や表やグラフで整理して「考察」しなければ、価値は半減かそれ以下になってしまいます。

> 理科の授業で大切なのは、実験観察の「前・後」なのです。この部分を重視しなければ、単なるおもしろ科学実験教室になってしまいます。

　実験や観察の「前段階」で特にポイントになるのが「予想や仮説を思い描く場面」です。この段階では、子ども自らが見いだした課題と向き合い、これまでの経験や記憶している知識を基に言語活動を展開します。

　相互に予想や仮説を伝え合う中で、曖昧だった根拠がより明確になったり、自分が気がつかなかった考え方を取り入れたりすることができます。お互いの意見

I. 理想的な理科の授業をイメージする

を尊重しながら「わかりあう」ことができれば十分です。科学的な正しさは要求しません。

実験や観察の「後段階」で特にポイントになるのは「結果を考察して結論を導き出す場面」です。この段階では、子ども自らが実験観察したデータや記録と向き合い、実際の結果（事実）を基に言語活動を展開します。

結果を表やグラフで整理することにより、気がつかなかった見方を思いついたり、相互に考察したことを伝え合う中で、結果を根拠にした説明の精度が増したりするでしょう。

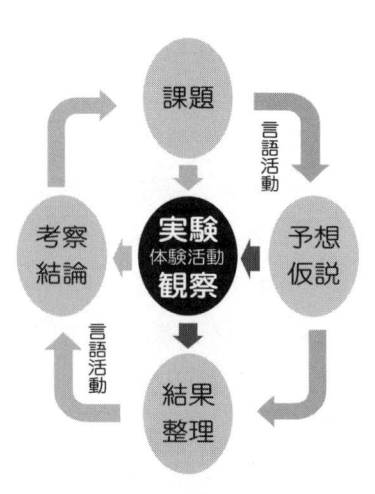

実験観察の「前・後」

理科の学習構造（問題解決の過程）

最終的には学級全体での言語活動を通して「唯一つの結論」を導き出していきます。

A区分における「まとめ」の段階では、学習で身に付けた知識や技能や考え方を活用して、子ども自らが材料を準備したり設計図を描いたりしながら「ものづくり」を展開します。この活動を通して、子どもの知的好奇心を高めるとともに、「より実感を伴った」理解を図ることが可能になるのです。

このような考え方を基盤に、実験や観察の位置づけを明確にした授業（単元）を計画するとともに、理科という学習の構造＝「学び型」を体得させていくのも理科を指導する教員の大切な役割になります。

2 問題を見いだし解決していく学習課程

子どもの自主性・主体性を重視する教育方法のひとつに「問題解決学習」があります。ここでは、小学校理科教育における問題解決学習の基本を確認していきます。

○ 問題解決学習の環境を整える

子ども自らが問題を発見するとともに、それを共感的・共創的に解決していくこと、それが理科教育の大きな目的のひとつです。しかしながら、小学生の発達段階では、「問題を見いだす能力」「学級全体で学ぶ問題をつくる能力」なども併せて育てていかければなりません。だからこそ、教員の支援が必要になるのです。

> **NOTE**
> **問題解決学習**
> ここで述べる「問題解決学習」は、アメリカの教育学者「ジョン・デューイ(1859～1952)」の学習論・教育論に基づいています。デューイの考え方によれば、「子どもの自発的な成長を促すための環境を整えるのが教育の役割」だといえるでしょう。

ただし、問題が作れないからといって、教員が直接問題を与えてしまったのでは子どもは育ちません。そのような場合に大切なのは「誘い水（呼び水）」です。子どもが問題を見いだしやすいような（子どもの経験や知識などの実態にピッタリの）場を構成することが必要になります。この場面だけを取り上げれば、「教師による"誘導型"の授業」「子どもにとっては"受動型"の授業」に見えるかもしれません。

しかし、この「誘い」によって、「あたかも子ども自らが問題を発見したような」気持ちになり、気分の高揚とともに学習意欲が高まります。そして、見いだした問題を（解決すべく）学習課題として強く意識するようになり、その後の問題解決的活動が「能動的」なものとして展開されるようになるのです。

では、どのように問題解決の場を構成していけばいいのでしょうか。ここでは、その学習過程を**「事象に注意する段階」「問題を見いだす段階」「見通しを持つ段階」「問題を解決する段階」**の4段階に分けて説明していきます。

「事象に注意する段階」：感知から注意へ

　最初は、自然の事物・現象（教材）と出会う場をつくらなければなりません。ポイントになるのは、子どもが（これまでにもっていた知識や経験だけでは）説明できない事象を提示することです。

　子どもは五感を通して事象を「感知」するとともに、これまでの記憶（知識や経験）と照合します。その照合結果に、何らかの不安やすっきりとしない心的状態を呼び起こすものがあれば、事象を反射的・無意識的に「見直す」のです。そして、「やっぱり何かおかしい」と感じたとき、今度は事象に「注意」するという意識的な活動が生まれます。

　この段階は、時間にすればコンマ数秒のこともありますが、子ども自らが事象に興味・関心をもつという意味において、最も重要な段階と言えるでしょう。単元全体の学習意欲を決定する場合も少なくありませんから、相当の準備と配慮が必要になります。目の前の事象を漠然と見せているだけでは学習は成立しないのです。

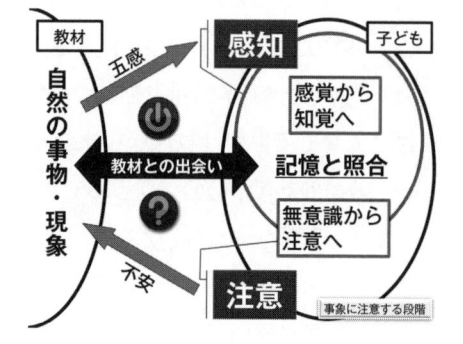

「問題を見いだす段階」：矛盾を疑問へ

　目の前の事象を「注意して見る」ことにより必要な情報を取り入れた子どもは、再度自分の記憶と照合して「ここがおかしい」「これは知っていることと違う」とズレ（矛盾）を意識するようになります。この矛盾点が「これから追究していく問題の素（もと）」になるのです。

　この段階で重要なのは、その矛盾を「子ども自らの疑問」として意識させていくことです。自分自身の「疑問」だからこそ、事象に興味・関心をもつとともに、その疑問に迫る意欲が生まれ、「自分の力で解決してみたい問題」として形成されていくのです。

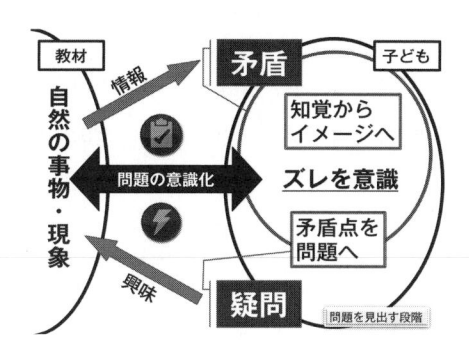

無理やり疑問を感じさせようとすると、「やらされているだけ」の受動型授業になってしまいます。あわてず、急がず、一人ひとりに即した支援を心がけ、子どもが問題を意識するまで待つことが大切です。「どうしてこういうことがおこるんだろう」という言葉が出てくるように、教員の演技で上手に誘導していくのも立派な支援です。

「見通しを持つ段階」：仮説から実験へ

　問題を意識させることができたら、「仮説（予想）」を立てる活動へと進みます。子どもの中には、直感的・直覚的に実験方法を想起することはできても「そのように考えた理由」を述べることができない者もいます。「やればすぐにわかる」実験や観察であっても「落ち着いて考え・表現する」時間をとりましょう。このとき、事象を見直す活動を取り入れると、問題がはっきりしてきます。また、考える時間を確保することで、これまでの経験や身につけた知識から関連のありそうなものを引き出してくることも可能になります。

　「何が問題で、何を明らかにしたくて、どんな方法で、どんな実験をすれば」、そして、「その結果が予想通りになった（ならなかった）としたら」など、確かめたいこと・解決したいことを子どもに整理させることによって、「見通し」を持った活動が可能になります。子どもたちが具体的なイメージを描きながら思考する活動を重視することで、問題の解決に迫っていくことが可能になるのです。

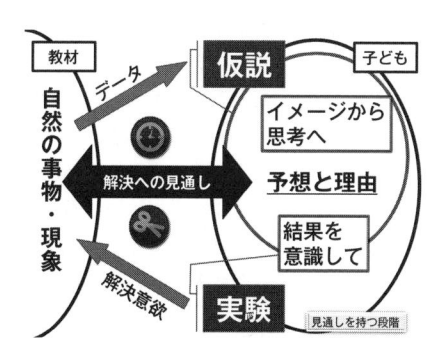

「問題を解決する段階」：考察から理解へ

　子どもは、予想した通りの結果を得ると「当たった」と満足し、予想通りにならなければ「外れた」とがっかりします。問題が何であったか、予想をどのように立てたかも忘れ、検証する意欲を失うことも少なくありません。この段階で重要なことは、結果を「じっくりと考察する時間」をとることです。成功や失敗という判断ではなく、問題と仮説と結果を結びつけて考える場をつくることが重要なのです。このような理科を実現する雰囲気作りを心がけましょう。

　また、1回限りの実験結果で判断するのではなく、数回チャレンジさせるとともに、友達や他の班の結果と併せて結論を導き出すような指導も必要です。さらに、日常生活との関連や、活用的・探究的な要素も積極的に取り入れながら精度の高い知識の獲得を目指しましょう。

　教員が安易にまとめてしまうのではなく、子ども自らの力で追究させるとともに、子どもの言葉で説明できるようになれば、「よくわかった！」という問題解決＝「実感を伴った理解」に迫ることが可能になります。

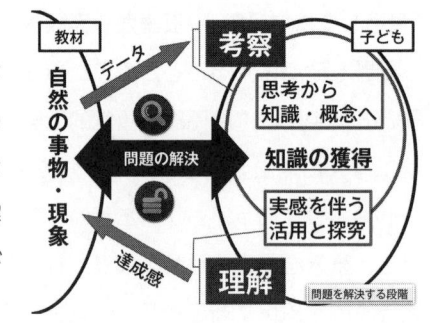

読んでもらいたい本！

学生のみなさんへ

ここでは、教員を目指している学生のみなさんに「ぜひ読んでもらいたい本」を紹介しておきます。図書館に（必ず）ありますので、教育実習が始まる前に何冊か挑戦してみてください。「教育」に対する理解が深まります。

○デューイ『学校と社会』岩波書店；1957
○デューイ『民主主義と教育』＜上＞＜下＞岩波書店；1975
○J.S. ブルーナー『教育の過程』岩波書店；1986
○ルソー『エミール』＜上＞＜下＞岩波書店；1962
○ペスタロッチー『隠者の夕暮れ・シュタンツだより』岩波書店；1982

○ 螺旋型の学習課程を意識する

　学び型として意識しておきたいものに「螺旋（らせん）型の学習」があります。「螺旋」というのは、ねじや巻貝のからのように渦巻形になっている状態のことをいいます。蚊取り線香も渦巻形ですが、ここでは立体の螺旋を意味します。

　さて、学習は「目標に向かってより高く上に向かって進んでいく」ことをイメージします。そのとき、一般的に考えれば右肩上がりの一直線を思い描くでしょう。それを、螺旋階段を登るように発展させていこうと計画するのが「螺旋型の学習課程（カリキュラム）」なのです。

　螺旋階段を登っていく人を横からカメラでとらえ続ければ、斜め上に登り続けているように見えます。ただひたすら上を目指して発展・進歩・向上しているように見えるでしょう。しかし、この人を真上から見ていた場合には、一周回って元の場所に戻ってくるように見えるのです。堂々巡りに見えるかも知れません。

　ただし、元の場所に戻ってきたように見えても、実は、一段高い場所、二段高い場所にいるのです。知識や技能や見方や考え方が高まった状態で、以前に経験したこと・学んだことを見直したり振り返ったりすることができるのです。

> **NOTE**
> 「螺旋型教育課程」
>
> 基礎的概念や原理を発達段階に応じて繰り返し学ぶ学習構造「螺旋型教育課程（スパイラル・カリキュラム）」に着目したのが、アメリカの教育心理学者「J.S. ブルーナー（1915）」です。1959年に開催された（教育方法の改善に関する）ウッズホール会議の議長となり、その成果を『教育の過程』として出版しました。

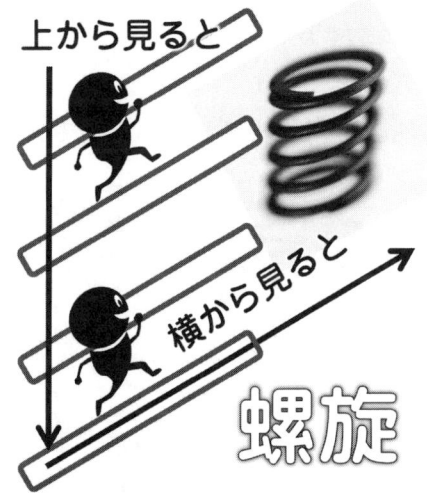

第3章　いざ授業！明日の理科を考える

「螺旋型」のイメージ

Ⅰ. 理想的な理科の授業をイメージする

> **小学校理科教育において螺旋型の学習課程を意識するメリット**
> ・単元の学習計画を作成する際、各区分の目標、各学年の重点、他学年と系統的につながっていく概念などを確認する習慣が身につく。
> ・学習目標に到達するために、「これまでの活動を見直す」場面や「これからの活動を見通す」場面を必要に応じて効果的に位置づけることができる。
> ・基礎基本的な内容の確実な定着とより深い理解を図るため、学習の進度に適した段階で「復習」や「振り返り」活動を取り入れることができる。
> ・一度ですべてを理解させようという直線的指導法から脱却するとともに、子どものわかり方を重視した学習課程を構築することができる。
> ・最終的に「みんながわかる」ことを目指したスモール・ステップ型の学習を意識した学習計画を立てることができる。
> ・「この勉強はこの前やったばかりだからだいじょうぶだよね」「○年のときに習ったから覚えているよね」という強迫的な問いかけがなくなる。

例えば「花」を例に考えてみましょう。「チューリップ」を花として意識している子どもは、「ヒマワリ」を育てることで花に対する見方が広がります。さらに、「ヘチマ」を育てることで花に対する考え方が深まります。

そして様々な花を学ぶことによって、花というものの概念が形成されていきます。その段階でチューリップを見直すと、実は花びらだと思っていたものが花びらでなかったことがわかり…と、確実にレベルアップした見方や考え方で（一段二段高いところから）見直すことができるのです。これが螺旋型学習カリキュラムのイメージです。

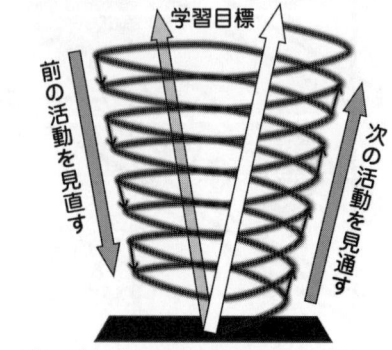

螺旋型カリキュラムのイメージ

Ⅱ 単元を計画する

> 単元計画の作成とは、明確な意図をもって「学習活動のまとまり」を創り出す作業です。十分な実践経験が蓄積されていたとしても、担任する子ども一人ひとりの実態に即したより良い授業を追究していきましょう。

1 単元全体を構想する

　単元計画を作成するためには、「1単元全体を構想する」「2単元の指導計画案を書く」という2つの作業が必要になります。ただし、この2つは切り分けられるものではありません。2つセットで理解を深めていきましょう。

○ 小学校理科の単元構成

　小学校理科の学習単元は、(教科書において)とてもわかりやすく構成されています。

　基本的には、まずはじめに何らかの活動(遊びから入ったり、教師の提示により始まったり)があり、そこから子どもの「なぜ?」を引き出すようになっています。

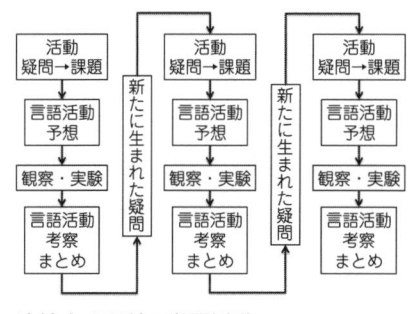

連続する理科の学習活動

　この「疑問」を相互に伝え合うことで共通の「課題」として意識させるとともに、自分の考えやそう考えた理由などを「予想」させていきます。

　そして、その予想を確かめるための「観察・実験」を「方法」から検討していくとともに、実際に観察・実験をしてデータや記録を集めていきます。

　ここで得られたデータや記録を表やグラフなどにまとめながら、なぜそのようになったのかを話し合い、ひとつの結論としてまとめていきます。

　まとめを進める中で、新たな問題が生まれた場合は、次の時間に考えていくことを相互に確認したところでひとつ学習活動が収束します。

II. 単元を計画する

　このように、小学校の理科は「活動から疑問へ」「疑問から予想へ」「予想から観察・実験へ」「観察・実験から考察へ」「考察からまとめへ」「まとめから次時の課題へ」という一連の流れを（ひとつの）学習活動としています。

　単元の学習内容によって、この学習活動の数が変わります。ひとつで十分に到達できる場合もあれば、3つの学習活動を通して理解を深める場合もあります。この学習活動のまとまりを「次（つぐ）」と表現しています。

　「次」は、学習活動のまとまりであるとともに、子どもの論理（わかり方）のまとまりでもあります。子どもの思考を途切れさせることなく、連続した形で単元を構成できれば、子どもは「自分の考えで問題を解決することができた！」と実感することができるでしょう。

　教科書では、この問題解決の過程がスムーズに進行するように単元全体を見通しながら、それぞれの「次」を構成しています。また、「次」と「次」との関連も、子どもの興味・関心が連続して深まっていくように十分な配慮をしています。まずは、教科書通りの展開で単元全体をイメージしてみましょう。

　ただし、学校の環境や地域の特性・理科室の機器備品の現有状況・子どもたちの実態・社会の状況変化などによっては、教科書通りに進めることができないのも事実です。だからこそ、単元の指導計画を立案する必要があるのです。目の前の子どもたちとともに、今・何を・どのように学んでいけばいいのか、プロ意識を持って単元を構想してみましょう。

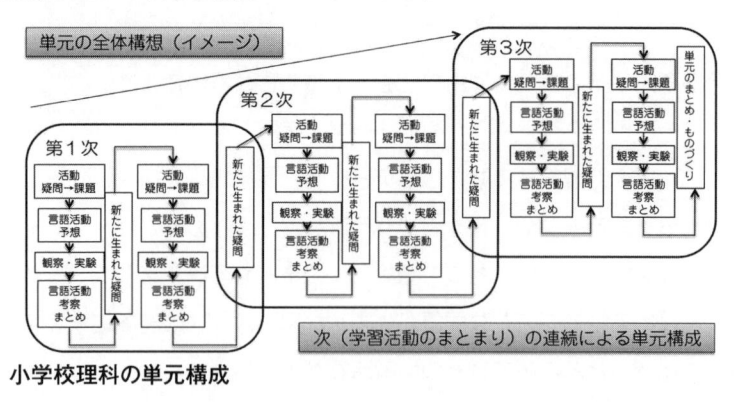

単元の全体構想（イメージ）

小学校理科の単元構成（第1次・第2次・第3次／活動・疑問→課題／言語活動 予想／観察・実験／言語活動 考察 まとめ／新たに生まれた疑問／単元のまとめ・ものづくり）

次（学習活動のまとまり）の連続による単元構成

○ 単元全体を構想する段取り

単元を計画する段取りは、大きく分けて「構想する」ことと「書く」ことの2つになります。ここでは、第1ステップとして単元全体を構想する方法を説明していきます。

第1 ステップ

①年間指導計画案を確認する。
②3つの観点から「柱」になる活動をイメージする。
③見いだした問題を追究する学習過程をイメージする。
④単元全体が問題なく実践できるか検証する。

① 年間指導計画案を確認する

第2章で述べた「年間指導計画案」がきちんとできていれば、ある程度の単元構想は既に頭の中にあるはずです。ただし、「確認する」ことは重要な作業です。見落としていた内容がないか、今一度チェックするとともに、単元全体のイメージを描き直していきましょう。

チェック項目

☐ 学校行事・年間指導計画・配当時間等を確認している。
☐ 小学校の理科という教科の目標を理解している。
☐ 該当学年（内容区分）の理科の目標を理解している。
☐ 単元の内容を理解している。
☐ 単元の解説を読み、単元の概要を理解している。
☐ 単元に関わる飼育栽培について準備が整っている。
☐ 教科書を分析して、単元の指導展開をイメージしている。
☐ 必要な実験器具や教材等の確認や注文が完了している。
☐ 教師用指導書を読んで、指導のポイントをつかんでいる。
☐ 単元の実施に必要な「報告・連絡・相談」を進めている。

Ⅱ．単元を計画する

② 3つの観点から「柱」になる活動をイメージする

単元を構想する際には、「子どもの想い（興味・関心）」「教師の願い（学習の目標）」「教材の魅力」の3つの観点を柱にすることが大切です。

「子どもの想い」：目の前の子どもの興味や関心を学習のきっかけにすることができれば、主体的な学習が保障されます。ただし、子どもの想いに引きずられると、学習目標から大きく外れた展開になる場合があります。一歩間違えれば「なんでもありの無法地＝学習環境の崩壊」につながります。

「教師の願い」：何を目標に・何を内容に・どんな見方や考え方を身につけさせたいのかを明確にすることは単元構想の大前提です。ただし、教員の願いが強すぎると、子どもたちにとっては「やらされているだけ」の受け身的な展開となり、主体的な学習は成立しなくなります。

「教材の魅力」：教材の魅力（特性）を引き出すことで、子ども自らが問題を見いだし問題解決を展開することができます。ただし、魅力的な要素が多すぎると、子どもの注目する現象（見いだした問題）が分散してしまい、学習課題を作ることが難しくなります。

教材研究は楽しい！

学生のみなさんへ

みなさんは、「教材」という言葉をどのように説明しますか。
ここでは、子どもの問題解決学習を動機づけたり、方向づけたり、発展させたりする要素を内包した素材のことを「教材」と考えています。例えば、ジャガイモは素材ですが、何度も切ることによって包丁がべたべたしてきたときに「教材」になります。「なぜべたべたしてきたのだろう」「乾くと白くなってきた」「この白い粉の正体はなんだろう」と、学習を展開することが可能になるのです。
このように、素材の持つ教材性（教材の持つ学習材としての魅力）を引き出し、授業展開に位置づけるまでを追究していく作業を「教材研究」と表現します。プロの先生にとっては、最も遣り甲斐のある楽しい作業が「教材研究」なのです。

この3つの観点は、どこから構想しても問題はありませんが、「教師の願い（学習の目標）」＞「教材の魅力」＞「子どもの想い（興味・関心）」のように形式的な順序性を意識するといいでしょう。

　その場合、まずは単元の目標・内容を明確に位置づけます。次に教科書に示されている教材の魅力を追究します。最後に、目の前の子どもたちの興味・関心に即したものであるかを検討していきます。

　「子どもの興味・関心を最初に考えるべきではないか」という意見もありますが、限られた時間で単元を構想していく場合はこの順序をおすすめします。もちろん、学習の目標や教材の魅力から構想を膨らませている際にも、子どもの興味・関心にいつも思いを巡らせることが大前提です。

　子どもの想いを尊重しながらも、学習の目標に近づけていく。教材の魅力を最大限引き出しながらも、注目させたい部分を意識させていく。きっかけは教師主導型であっても、いつの間にか子ども主体の展開になっている。子どもの想いに寄り添いつつも、自然に親しむ本当の学びの愉しさへと誘（いざな）う。そのような単元の柱を思い描いていきましょう。

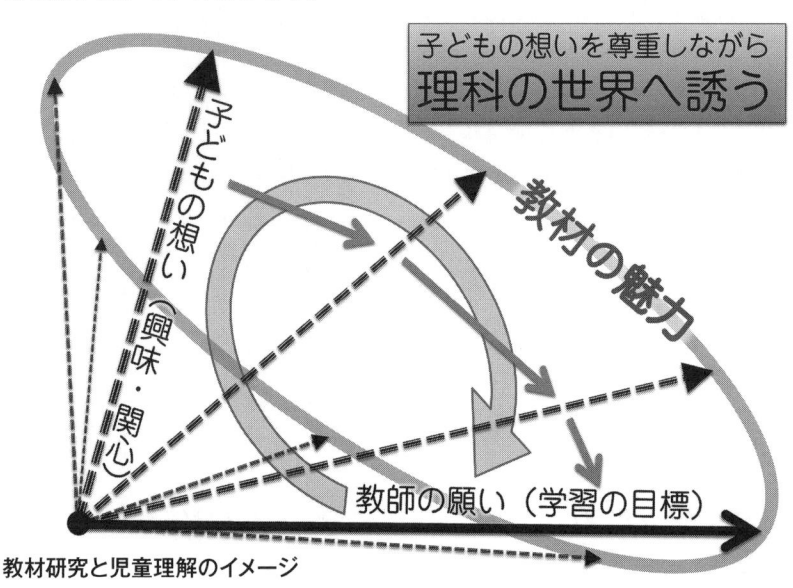

子どもの想いを尊重しながら理科の世界へ誘う

教材研究と児童理解のイメージ

Ⅱ. 単元を計画する

③見いだした問題を追究する学習過程をイメージする

　理科の場合、単元の柱になる活動には必ず実験や観察が含まれています。そして、その前後に「問題を見いだす活動」と「実験観察を考察する活動」が位置づけられます。これらの活動を、子どもが主体的に追究していく展開にするためには、２つのポイントを意識しなければなりません。

> ・子ども自らが問題を見いだし、粘り強く問題を追究していく活動を生み出すには、子どもの想いや実態に即した展開を重視すること。
> ・問題を解決していく過程においては、学習目標に到達するための（意図的な）学習を効果的に位置づけていくこと。

　子どもが主体的に問題解決を進める活動の展開においては、教師が意図した内容を「子どもが自ら学んでいくように」構成する点に難しさがあります。それを実現するためには、まず、きっかけとなる事象（教材の提示）に疑問が持てるか、解決したいと思うか、解決法が描けるかなど、子どもの想いや実態に即したものになっているかを検討する必要があります。

　そして、活動の展開において出会うであろう様々な「壁」と、それを乗り越えさせるための支援法を考えるとともに、それぞれの場面で身につけさせたい能力や態度及びその評価についても、考えられる可能性をできるだけ多面的、網羅的にイメージしていく必要があります。

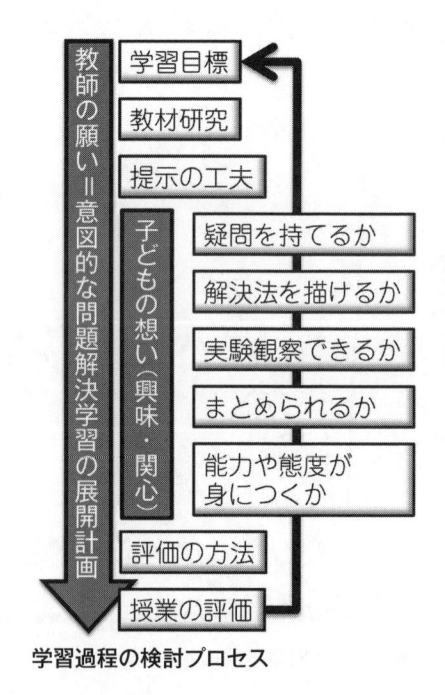

図：学習過程の検討プロセス

教師の願い＝意図的な問題解決学習の展開計画

- 学習目標
- 教材研究
- 提示の工夫
- 子どもの想い（興味・関心）
  - 疑問を持てるか
  - 解決法を描けるか
  - 実験観察できるか
  - まとめられるか
  - 能力や態度が身につくか
- 評価の方法
- 授業の評価

④単元全体が問題なく実践できるか検証する

　柱となる活動に様々な要素（支援や評価）が加わることで、ひとつの学習にどれぐらいの時間が必要かが見えてきます。つまり、１時間ごとの授業を思い描けるようになるのです。ここまでイメージすることができたら、いよいよ最終チェックの段階です。各学習活動が「子どもの論理（わかり方）」に無理なく展開できるかを再検討していきます。

　流れに不自然さや強引な部分がある場合には、「次」の順番を丸ごと入れ替えたり、前学年で実施した実験観察を復習的に取り入れたり、実験技能定着のための活動を挟んだり、発展的な活動を省略したりすることで、単元全体を問題なく実践できるようにしていきます。

　さらに、学級の児童数、単元全体の授業時数、理科室（あるいは教室）の学習環境、班活動の位置づけ、言語活動を意識した国語科との関連、特別な支援が必要な子どもへの個別対応など多様な視点から、「目の前の子どもたちと授業を実現していくことが可能か」どうかを確認していきます。

共生・共育

みんなでできる・みんなでわかる

◆◆「素直に素敵に感動できる子どもたち」から学ぶこと◆◆

　特別支援学校で万華鏡を作る活動をしていたときです。友達の作品をのぞいたＡ君が突然大きな声で叫びました。「先生！Ｂ君の万華鏡は宇宙一きれいだよ！」…私は「宇宙一」という言葉に驚嘆しました。「何を入れればきれいに見えるかな」という意図的な学習課題は、心の底から湧き上がる純粋な感動表現の前には無意味に等しいものになったのです。

　美しいものを素直に美しいと感じること、言い換えれば「あるがままの事象を同一化すること」こそ、問題解決学習の最終目的かもしれません。子どもたちの純真無垢な言葉を聞くたびに「障がいとは何か」「特別支援教育とは何か」を考えさせられます。

Ⅱ．単元を計画する

❷ 単元の指導計画案を書く

　単元の指導計画案に決まった形式はありません。より良い授業を構成するために必要な要素を必要なだけ書けばいいのです。もちろん、提出を要する場合は指定された形式を遵守してください。

◯ 単元の指導計画を書く際の留意点

　単元を計画する段取りは、大きく分けて「構想する」ことと「書く」ことの2つになります。ここでは、第2ステップとして単元の指導計画案を書くときの留意点について説明していきます。

　単元の指導計画に書く項目について、下記にその例を示してみました。項目の性質によっては該当しない単元もありますし、重複する内容もありますから、すべてを書き表す必要はありません。

第2 ステップ

① 単元の概要
　・単元のねらい・単元の内容・単元の指導構想（単元観）
　・単元の指導計画・単元の評価規準の設定・単元の評価計画
② 単元における実験観察
　・教材と児童（教材観・児童観）・学習問題・柱となる実験観察
　・実験観察前の指導・実験観察の手順・実験観察結果の取り扱い
　・実験観察後の指導・実験観察で育てたい見方や考え方及び技能
③ 単元実施上の配慮事項など
　・児童の実態・教師の願い（学校・学年・学級目標との関連）
　・特別支援・筆記テスト（場合によっては実技テスト）の位置づけ
　・学校研究課題との関連・学校評価（授業改善）との関連
　・重視する言語活動・各教科等との関連・発展的な学習内容
　・地域や学校の特色・社会の要請・単元を通して育てたい能力
　・自己評価（PDCAサイクル）を生かした研修計画

① **単元の概要**

ここでは、「この単元で何を・どのような計画で学ぶか」、そして、「子どもの学びと授業をどのように評価するか」に関して、それぞれの「次」と「時間」を意識しながら書いていきます。

特に配慮したいのは、「単元全体の目標に迫る手立て」とともに、そのための「1時間ごとの（本時の）目標を明確に位置づけていること」を、わかりやすく・ていねいに文章で表現することです。一段ずつ階段を上るように、子どもの想いに寄り添いながら、ひとつずつ（スモール・ステップの考え方で）積み重ねていく構想を作文しましょう。

この部分の各項目を読めば、教師の「単元観」がわかります。どのような想いで授業に臨もうとしているのかがわかるのです。逆に、この部分を「教師用指導書の丸写し」「先輩の指導案のコピー」だけで済ませよう…としたら、教員としての成長はストップすることになるでしょう。

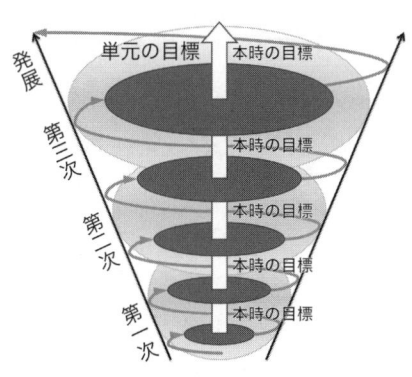

意識したい単元観

「スモール・ステップ」という考え方

「スモール・ステップの学習法」って、聞いたことがありますか。簡単に説明すると、「学習目標にたどり着くために、一段一段、その子のペースで、あわてずゆっくり登っていく」「一段上るたびに、認め・褒め・励まし、達成感・満足感を味わわせる」という方法です。
なんだか当たり前のことですよね。でも、意外とできていないんです。無意識のうちに二段飛ばしの授業をしてしまったり、一人ひとりの進度を確認しないまま褒めることも忘れて進めてしまったり…。
スモール・ステップは「共生・共育」の観点においても重要なキーワードです。覚えておいてくださいね。

② 単元における実験観察

　理科の柱になるのは、実験観察を通した問題解決活動です。また、この部分が理科という教科の特性ともいえます。

　最も重要なのが「教材観」です。「なぜこの教材を活用しようと考えたのか」「この教材を活用することで子どもにどのような能力が身につくのか」を明らかにしましょう。そして、核となる実験観察をどのように構成していくのか、その前後の指導を意識しながら全体像を書き進めていきます。

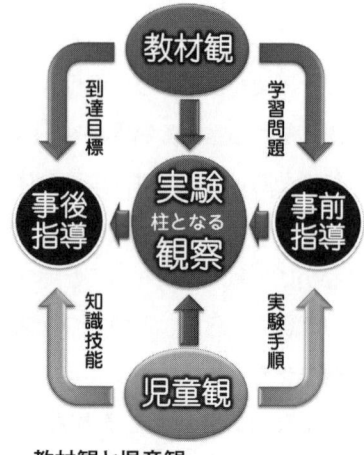

教材観と児童観

　何から書けばいいのか悩む場合は、次の項目を参考にしてみましょう。

・子どもの知識や経験から疑問（学習課題）が生まれるか

・その課題を解決する実験観察の方法を考えることができるか

・安全に（安心して）誰もが実験観察することができるか

・新しい実験観察の技能を身につけることができるか

・実験観察の結果を考察する（意味を見いだす）ことができるか

・話し合いで課題に対する答え（結論）をまとめることができるか

・新しく学んだ知識を日常生活と関連づけることができるか

・探究したい課題を見いだすことができるか

　ひとつずつ（担任する子どもの姿をイメージしながら）浮かんできた言葉を文章として書き記していけばいいのです。格好をつける必要はありません。目の前の子どもの実態を理解しているのは担任する教員だけなのですから、自信をもって計画していきましょう。

③ 単元実施上の配慮事項

例えば、大自然に囲まれた学校とビル群の中にある学校とでは、子どもの自然体験に違いがあるでしょう。また、特別な支援が必要な子どもの状況により学習の展開が異なる場合もあるでしょう。あるいは、校内研究として位置づけられた授業ならば、学校の研究課題を強く意識しなければなりません。

言語活動についても、これまで以上に重視することになります。国語科との関連も含め、「この単元で育てる言語力」という項目を作って教師の願いを書いてみましょう。書くことによって言語活動を大切にしているかどうかを確認することができますし、教員自身の「言語力」もアップします。

単元全体を通した評価計画も文章化しておきたい項目です。育てたい能力が本当に身についたのか、単元の構成に無理はなかったのか、教材は子どもの実態に即したものだったのか、実験観察はスムーズに展開できたのか、筆記テストの取り扱いなど、評価の具体的な計画を記しておきましょう。

子どもは日々成長していきます。また、自然を対象とした理科ですから、実験観察に関しても予想外のことが起きるかもしれません。だからこそ、PDCA（Plan 計画 - Do 実行 - Check 評価 - Act 改善）サイクルを可能な限り小さく回す評価計画が有効なのです。単元全体をガチガチに固めてしまうのではなく、次時までに修正が可能な柔軟性のある計画を心がけましょう。

単元の学習は「評価」が終了した段階で一区切りとなります。ただし、学習目標に到達していない内容があれば、補講的な活動を取り入れなければなりません。また、なぜそのような結果になったのかを分析するとともに、次の学習（単元）までには改善できるように努める必要があります。もちろん、次年度への申し送り事項として記録を残しておくことも大切な作業となります。

配慮したい様々な項目

Ⅲ ゼロから単元を創造する愉しみ

> 教科書に基づいて単元を構成するのが基本です。基本が身についたら、その力を活用・応用するのが学習の王道です。教員力の向上を目指して、教科書を凌駕するような単元をゼロから創造してみましょう。

1 思いつきを書き出していく

　私の場合は、学習指導要領と解説を読みながら、思いついたことを書き込むことをスタートにしています。その際、最も大切にしているのが「楽しいか否か」です。自分にとって・子どもにとってワクワクする活動がイメージできれば、「あり！」と判断して教材研究を進めていきます。

○ 楽しさだけを追究する価値

　「楽しいことだけ」と表現すると、「テレビのおもしろ科学実験と同じでしょう？」という批判が出てきそうですね。でも、ここでは敢えて楽しさを追求します。もちろん、理科の学習とか単元の構成とか子どもの実態とかをある程度以上理解しているという前提です。

　つまり、「思いつき」とはいっても「教員としての感性と価値観」が働いて「学ぶことの楽しさ」を自然と追究するだろうという考えに基づくのです。教材研究を進めているときに、「これを見せれば喜ぶだろうな」「ここで小ネタを出せば乗ってくるに違いない」など、無意識に子どもの姿が浮かぶはずです。それさえあれば、「楽しいことだけ」を追究するのも大切なことなのです。

　教員が楽しいと思った内容のすべてが学習に適しているとはいいませんが、教員が楽しいと思わない内容を指導するのは子どもに失礼ではないでしょうか。だからこそ、率先して「楽しいこと」を発見して欲しいのです。教材研究を深めなければと畏まるのではなく、教員自身が素材に親しみ、教材に惚れ込むこと＝その中から「この単元を学ぶ喜び」が見えてくるのです。

4年生のA物質・エネルギー「(3)電気の働き」を例に、楽しさを発見しながら単元を構成していく（一部を）紹介していきたいと思います。

　まずは、学習指導要領該当単元の内容を読み、思いついたことをメモしていきます。このとき大切なのは「指導要領の批判を恐れず疑問点を素直に書き出していく」ことです。

※下線等は筆者（以下同じ）

小学校学習指導要領	思いついたこと
(3) 電気の働き 　乾電池や光電池(1)に豆電球やモーターなど(2)をつなぎ，乾電池や光電池の働きを調べ，電気の働きについての考え(3)をもつことができるようにする。 ア　乾電池の数やつなぎ方(4)を変えると，豆電球の明るさやモーターの回り方が変わること。 イ　光電池を使ってモーターを回すことなど(5)ができること。	(1) 再生可能なエネルギーとしての扱いが必要なのだろうか。 (2) モーターを活用する理由は「電流の向き」に注目させるためだろう。「など」とは何を示すのだろうか。 (3)「電気の働き」について、子どもはどのように認識するだろうか。「電気の仕事」というイメージだろうか。 (4)「つなぎ方を変える」発想は子どもから生まれるだろうか。 (5) この「など」は何を示すのか。

　次に、指導要領解説理科編を読み進めながら、頭に浮かんだ活動や子どもの姿を思いつくままに書いていきます。

小学校学習指導要領解説理科編	思いついたこと
ア　乾電池の数を1個から2個(1)に増やして豆電球を点灯させたり，モーターを回したりすると，その明るさや回転数が増す場合と，乾電池1個につないだときと変わらない場合があることなどから，電球の明るさやモーターの回り方の変化を電流の強	(1) 乾電池の数を3個以上にしたらどうなるか、教員が演示実験で示すことで「2個まで」と制限することができるかもしれない。（乾電池3個で切れる豆電球を探してみよう） (2) 一昔前に流行した四駆型の車を「先生の宝物」として見せた後、「前進す

さと関係付けながらとらえるようにする。
　また、乾電池の向きを変えるとモーターが逆に回る(2)ことから、電流の向きについてもとらえるようにする。その際、例えば、簡易検流計(3)などを用いて、これらの現象と電流の強さや向きとを関係付けながら調べるようにする。
イ　光電池(4)にモーターなどをつないで、光電池は電気を起こす働きがあることをとらえるようにする。
　また、光電池に当てる光の強さ(5)を変えるとモーターの回り方が変わることなどから、光電池に当てる光の強さと回路を流れる電流の強さとを関係付けてとらえるようにする。
　さらに、これらのことをブザーを鳴らしたり、発光ダイオード(6)を点灯させたりすることによって確認することが考えられる。
　ここでの指導に当たっては、「直列つなぎ」と「並列つなぎ」という言葉を使用して考察(7)し、適切に説明できるようにする。
　また、実験の結果を整理する際に、乾電池、豆電球、スイッチについて、電気用図記号（回路図記号）(8)を扱うことが考えられる。
　さらに、電流の向きを確認する際には、発光ダイオード(9)が電流の向きによって点灯したり、点灯しなかったりすることを用いることが考

るはずがバックしてしまって大失敗」という場面を導入として構成すれば、電池（電流）の向きに注目させることができるのではないか。
(3)「電気が強くなったからだよ」という意見が出る場面を作り、「証拠を示すのが理科だったよね」「本当に強くなったのかどうか…」の流れで簡易検流計を登場させよう。
(4) 太陽電池は踏んでも割れないことを見せようか、いや、真似をするだろうから止めておこうか。
(5) 屋根に太陽電池が設置された住宅街の写真を見せて、「この写真はどの方位から撮影したものでしょう」という問いかけはどうだろうか。
(6) LEDと太陽電池については、エネルギー・環境教育の観点からも紹介したり話し合ったりする活動を取り入れてみたい。科学史としてもある程度導入可能か。
(7) 国語で学んでいる「脚本作り」と連動させ、ミニ発表会を位置づけられないか。実際に話す部分（台詞）と具体的な動作（ト書き）を書くことによって理解が深まるとともに、言語力の育成も期待できるのではないか。
(8) 記号を活用する利点を社会科と連動させて示せないだろうか。
(9) 子どもの家庭でも「LED電球・LED蛍光灯」が使われるようになっているだろう。それはなぜなのか。メリッ

えられる。 なお，乾電池をつなぐ際には，単一の回路で違う種類の電池が混在しないように(10)注意するように指導する。	トを説明しながら、意思決定する機会を作ってみたい。 (10)ここで電池の側面に記載されている情報（取り扱い上の注意事項）を正しく読み取る活動（言語活動）を取り入れてみたい。また、「マンガン乾電池」と「アルカリ乾電池」の違いを説明しながら、なぜ小学校の理科ではマンガン乾電池を使用するのかについて考えさせてみたい。
（内容の取扱い） 電気の働きを活用したものづくりとしては，例えば，乾電池や光電池などを用いた自動車(11)やメリーゴラウンドなどが考えられる。	(11)たっぷり遊ばせよう！

実際は、この5倍以上の書き込みになります。また、意味のわからない部分については、図書やインターネットを活用して調べたことを加えていきますので、教材研究ノート 10 ページぐらいになります。

新しいことを初めて学ぶ喜び、新しい知識を獲得した満足感、やってみたいとワクワクする期待感、もやもやしていたものがスッキリした感じ、なんだか偉くなったような気持ち、など、子どもたちの知的好奇心を刺激する内容は限りがありません。ただし、本当に大切なのはここからの取捨選択・精選です。

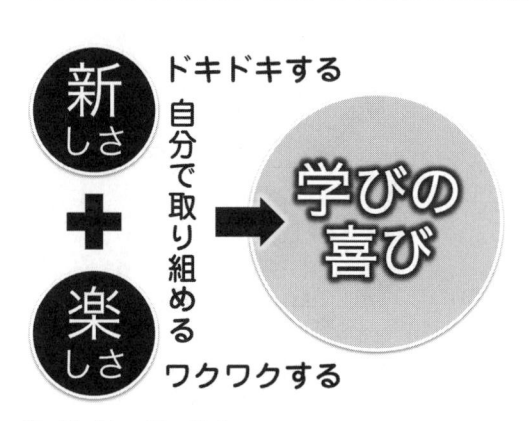

学びたくなる場の構成

新しさ ＋ 楽しさ
ドキドキする・自分で取り組める・ワクワクする
→ 学びの喜び

Ⅲ. ゼロから単元を創造する愉しみ

○ 楽しさを学習計画に位置づける

学習指導要領などを読み込んでいくと、この単元で育てたい能力は、

○ 乾電池のつなぎ方と回路を流れる電流の強さとを関係付ける能力
○ 乾電池の向きと回路を流れる電流の向きとを関係付ける能力
○ 光電池に当てる光の強さと回路を流れる電流の強さとを関係付ける能力

と考えてよさそうです。いずれも「関係付ける能力」がキーワードになります。

そして、この能力を身につけるためには、

○ 乾電池の数を増やして「つなぎ方」を考えながら調べる実験
○ 乾電池の向きを変えて調べる実験
○ 光電池に当てる光の強さを変えて調べる実験

の３つが「柱になる実験」になると想定します。さらに、「簡易検流計」を活用して「電流の強さ」と「電流の向き」を調べる活動を、科学的な見方や考え方を養うポイントとして位置づけます。この３つ実験を柱としながら、電気に関する小ネタや科学史の紹介も適宜取り入れることで、絶えずワクワク・ドキドキが続く「楽しい理科」を展開しようと発想を広げていきます。

最終的な目標もイメージします。「ものづくり」で車を作るときに（自主的に）簡易検流計を活用する子どもの姿を見たいですね。「電気の働き」について理解するとともに、機器を自由自在に使いこなす技能も身につけさせたいと思います。

「電気の働き」の学習イメージ

さて、どのような構成にしましょうか。

○ 電流の強さから入るか向きから入るか
○ やはり3年の復習から入るのが自然だろう。
○「回路」という言葉を押さえながら豆電球を点灯させて…。
　・「なぜ豆電球が点灯するのか」は子どもの疑問になるだろうか。
　・電気が流れるから点灯する ← どのように流れているのかを課題に…。
　・プラスとマイナスから電気が流れてぶつかって光るという見方を…。
　・この段階で「電流」をイメージさせておくことが必要ではないか。
　・場合によってはこの段階で簡易検流計を出すことも意味があるか。
○ 豆電球の仕組みとソケットの仕組みはワクワクするだろう。
○ 豆電球（のガラス）を割っても点灯するのを見せたらどうだろうか。
○ もっと明るくするには… という問いかけで問題ないだろうか。
　・教室を暗くして一斉に点灯させれば感動（共感）するだろう。
　・明るくするという問いに対して、並列つなぎは間違いになるかも…。
　・長持ちさせるためにはという問い ← 教室ならば可能か。
○ 乾電池を「2個」にしてみよう…という問いかけは成立するか。
● なぜ明るくなったのか（なぜ1個のときと変わらないのか）。
　・乾電池の数を増やしたから → 電気が強くなったからではないか。
　・乾電池の数を増やしたのに → 電気の強さは同じなのだろうか。
● 電気が強くなった（1個のときと同じ）という証拠は。
　・豆電球の明るさだけでは証拠として不十分ではないか。
　・電池2個なのに先生の豆電球はあまり明るくならない。
　・温度計や方位磁針のような道具はないのだろうか。
○ 簡易検流計の登場 → 電気の強さに関する科学史を紹介したい。
　・簡易検流計使用免許証を準備して技能を身につけさせよう。

これだけ書いて、まだ第１次も終わりません。これも教材研究ノート５ページ以上になります。何度も読み直しながら単元全体の構成を考えていきます。また、それと同時に「実現可能かどうか」実際に活用する予定の教材を集めたり使ったりしながら研究を深めていきます。

> ○ 豆電球は2.2V-0.11Aを使用（フィラメントを切る演示実験の場合は別）。
> ○ 乾電池を単１形から単５形・９Ｖ形（単６形：規格外）までを用意。
> ○ 電池を安全に使用するための注意事項については配付資料を作成。
> ○ 電球の科学史、乾電池の科学史をスライドショーにする。

　これもまだまだ続きますが、「教材」に関しては「お金」も必要になりますから、いろいろな折衝が必要になります。「報連相」を大切にしながら、（できるだけ）身銭を切ることがないようにするのですが、100円均一ショップに出かけるのが楽しかったりするのです。

共生・共育　　　　　　　　　　　　　　　　　　　みんなでできる・みんなでわかる

◆◆それぞれの子どもの個性を大切にした単元構成を◆◆

　理科の授業は、どんな実験結果が出るのか・次に何が起こるのか、わからないからワクワク・ドキドキする場合があります。しかし、ある子どもにとっては、初めてのこと・先が見えないことが「不安」につながり、動けなくなってしまうことがあります。

　また、それぞれの想いを伝え合う場面において、自分の考えばかりを話してしまって止まらなかったり、班で分担して実験を進める場面において、自分の役割を（何度言われても）忘れてしまったりする子どももいます。

　単元を構想する際には、一人ひとりの個性（場合によっては障がい）を理解した上で、誰もが安心して取り組める授業を目指したいものです。

○ 単元全体の展開イメージを描く

　様々な角度から教材研究を進めながら、暫し客観的に教材研究ノートを見直します。おもしろ科学実験になっていないか、教員の自己満足型授業になっていないか、知識の押し売りになっていないか…。担任する目の前の子どもたちが「この単元を学ぶ楽しさを実感できるか」を常に考えながら、最適な単元構成を創造していきます。

　もちろん、柱となる実験や活動の節目に位置づける評価規準（評価方法）とともに、その結果に応じた多数の腹案も練り上げます。子どもが楽しそうではない・やらされているように見える授業だったら即改善です。受け身型の授業ではなく能動的な授業にするために計画を修正します。やはり授業が始まれば、「教員の願い」よりも「子どもの想い」を大切にしたいのです。

　さてさて、このような教材研究（計５時間程度）の結果、最終的に落ち着いたのが下記の単元展開イメージです。自分でゼロから構想すると、子どもと授業を創り上げるのが待ち遠しくなります。

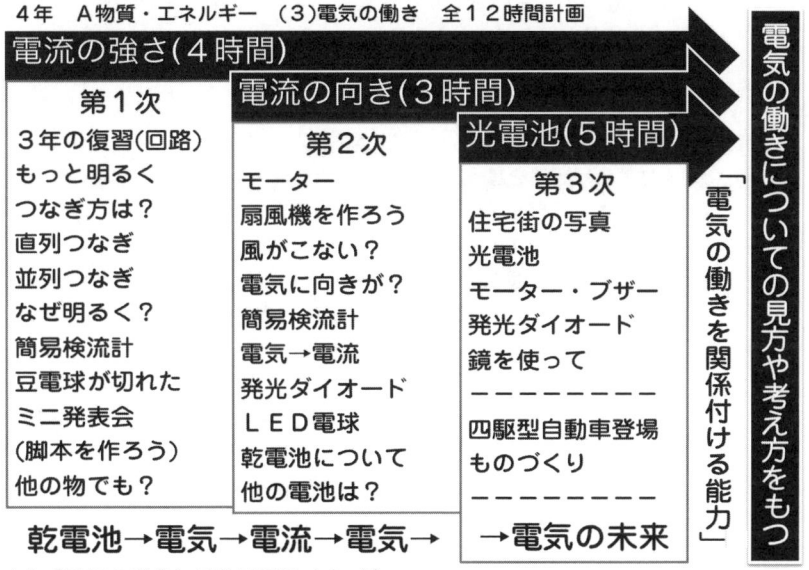

４年　Ａ物質・エネルギー　(3)電気の働き　全１２時間計画

電流の強さ(４時間)
第１次
３年の復習(回路)
もっと明るく
つなぎ方は？
直列つなぎ
並列つなぎ
なぜ明るく？
簡易検流計
豆電球が切れた
ミニ発表会
(脚本を作ろう)
他の物でも？

電流の向き(３時間)
第２次
モーター
扇風機を作ろう
風がこない？
電気に向きが？
簡易検流計
電気→電流
発光ダイオード
ＬＥＤ電球
乾電池について
他の電池は？

光電池(５時間)
第３次
住宅街の写真
光電池
モーター・ブザー
発光ダイオード
鏡を使って
――――――
四駆型自動車登場
ものづくり
――――――
→電気の未来

電気の働きについての見方や考え方をもつ

「電気の働きを関係付ける能力」

乾電池→電気→電流→電気→

４年「電気の働き」の単元展開イメージ

············ **つながり・かかわり・わかりあい** ············

> 単元を自由に構想したり、思いつきを書き出したりしていくと、本当に教えなければならないことからズレていきそうです。まだ私には難しいかもしれません。慣れるまでは教科書通りに進めたいと思うのですが…。

> それでいいと思います。まずは「教科書」と「教師用指導書」を活用して授業を進めてください。ただし、「教えなければならないこと」を考えすぎると、尋問型知識注入授業になってしまいますから注意してくださいね。子どもから笑顔が消えてきたら危険信号ですよ。

> いや〜、理科教育の本質を思い出しましたよ。
> 問題解決学習、教員になった頃は必死に勉強したのに忙しさにかまけて自己研鑽を怠っていたかもしれません。
> 今一度、初心に返って単元構想から取り組んでみます。
> さて、そこでひとつ伺いたいのが、小学校理科の評価の在り方です。思考力・判断力・表現力などについてはどのように考え・どのように評価していけばいいのか、研修のきっかけをご示唆いただければ幸いです。

> ベテランの先生は視点が違いますね。さすがです。
> 評価を通じて「指導の在り方を見直す」「個に応じた指導の充実を図る」、さらに「教育活動を組織として改善する」ことが現場の使命ですからね。では、ご要望を真摯に受け止め、次章では評価について述べていきます。

第4章
授業の前に－評価について考える

I 子どもたちをどのように評価するのか
1 何のために評価をするのか
2 理科の授業で評価する４つの観点とは
- ○「自然事象への関心・意欲・態度」
- ○「科学的な思考・表現」
- ○「観察・実験の技能」
- ○「自然事象についての知識・理解」

3 ４観点をどのように評価するのか
- ○「自然事象への関心・意欲・態度」
- ○「科学的な思考・表現」
- ○「観察・実験の技能」
- ○「自然事象についての知識・理解」

4 理科で使えるいろいろな評価のしかた
- ○ ペーパーテスト
- ○ ノートやワークシートの記録
- ○ パフォーマンス評価

5 子どもの発言やノートを評価するポイント
- ○ 問題解決の過程に沿って書かれているか
- ○ 問題に対する考察や結論が書かれているか
- ○ 根拠や思考過程が明確で論理的に表現されているか

第4章 授業の前に－評価について考える

Ⅰ 子どもたちをどのように評価するのか

「評価」と聞くと、一般的に「テストの点で成績をつける」とか、「通知表（「あゆみ」など）に学習の成績をつける」などのイメージが強いのではないでしょうか。改めて言い直すと、上で示したような評価は、ある時点において子どもの学習状況を成績として確定することを意味しています。しかし、「評価」という言葉にはいろいろな意味や評価の方法があり、実は奥が深いのです。そこで本章では、評価についての基本的な内容について紹介していきます。

1 何のために評価をするのか

先ほど述べたように、一般的に評価は、子どものある時点での学習状況を「現段階では、あなたの学力はこれくらいですよ」と、決定するという意味で考えられることが多いです。学校では、「単元末テストの点数」「通知表」「指導要録」などがそれにあたります。ここまでは誰でも想像できる評価の考え方ですが、実は別の考え方も存在します。それは、「指導のための評価」という考え方です。先ほどの評価が、単元が終わってしまってからテストや通知表で評価するのに対して、こちらの評価の方は、単元（授業）途中のある段階で、子どもの行動や小プリントなどを通して「この子はここが理解できていないから重点的に復習させよう」とか、「ここはみんなわかっているから、次のことをやろう」のように、子どもの学習状況を評価（確認）して、指

> **NOTE**
> **通知表（あゆみ）**
>
> 通知表は、学校が保護者等に対して、児童の学校での学習や日常の様子を伝えるためのもので、主に各教科、領域の成績、出席、学校での様子などが書かれることが多いです。しかし通知表は、法的に定められたものではないため、記載内容は各市町村や学校単位で自由に決めています。つまり評価は、3段階でも5段階でもいいし、観点も指導要録に合わせ4つだったり、それ以上だったりするのです。

導の方針を決めていきます。つまり、前者は子どもの学習状況を確定するための評価（総括的評価）で、後者は、指導方法の方向性を決定するための評価（形成的評価）になります。

このように、評価にはまず大きく2つの見方があることを知り、何のために評価するのかを改めて考えておく必要があります。なぜならば、この後で説明するように、評価の目的に応じて、評価の方法が異なってくるからです。では、どのような視点で評価すればよいのでしょうか。ここでは指導要録を意識して説明していくことにします。

NOTE
指導要録

指導要録とは、法律で定められた法定表簿で、記載内容は全国で統一されています。学校同士の事務手続き上で活用される書類ですので、請求されない限りは保護者等には公開されません。内容は、「学籍に関する記録」と「指導に関する記録」の2種類で1セットとなっており、前者は住所や保護者氏名、転校の履歴や、担当した校長や担任の氏名が書かれます。一方後者には、教科・領域別、観点別で、1年間を総括した成績や行動の記録、出席日数などが記載され、6年間の情報が1枚の用紙（データを含む）に記録されます。これらは、児童が転校や進学した際に、転校先や進学先への証明として活用されます。なお、理科の場合の評価は、3年生以上において、「自然事象への関心・意欲・態度」「科学的な思考・表現」「観察・実験の技能」「自然事象についての知識・理解」という、4つの観点をA〜Cの3段階で評価する「観点別学習状況」の欄と、それら4観点を総合した評価を3〜1の3段階で書く「評定」の欄があります。

Ⅰ. 子どもたちをどのように評価するのか

2 理科の授業で評価する4つの観点とは

　学校で子どもたちの成績を管理する書類として、指導要録があります。指導要録には、小学校理科では4つの観点で評価することが示されています。ここでは、小学校理科における4つの観点について説明します。

○「自然事象への関心・意欲・態度」

　この観点は、子ども自身から自然事象にかかわろうとしているかどうかという行動をみることになります。実際には、子どもの発言、事象や友達への対応に、積極的な関わりがあるかどうかという点で判断することになると考えられます。例えば、見通しをもち自分で疑問を解決しているとか、既習の学習内容を日常生活に利用しようとしているなどが、評価のポイントになると考えられます。

> 「自然事象への関心・意欲・態度」の評価規準例
> ・磁石につくもの、つかないものがあることに興味・関心をもち、進んで磁石につくもの、つかないものの共通点や差異点を調べようとしている。
> ・水を熱したときの水の温度変化について興味・関心をもち、進んで時間の経過と関係付けて、予想や仮説を考えようとしている。

○「科学的な思考・表現」

　この観点は、自然事象に対して自分の考えをもち、「問題解決の能力」(本書 p.28 参照)を活用して、論理的に説明や記録などをしているかどうかをみることになります。実際には、子どもの発言や、ノート記録をみて、記述が目的に応じているか、論理的かどうかという点から判断していくことになると考えられます。

　例えば、根拠をもって自分の予想を述べているとか、結果を根拠として、思考過程を順に述べていることが評価のポイントになると考えられます。

> 「科学的な思考・表現」の評価規準例
> ・磁石につくもの、つかないものを比較して、共通点や差異点について予想や仮説をもって、表現している。
> ・水を熱したときの水の温度変化を、時間の経過と関係付けて、予想や仮説をもち、表現している。

○「観察・実験の技能」
　この観点は、①観察や実験の器具が扱えること、②観察や実験の結果やその過程を的確に記録できるかどうかをみていくことになります。実際には、子どもの観察や実験の操作が正しい手順かどうかで判断したり、発言・ノート記録が目的に応じて、的確に発言・記録しているかどうかという点から判断していくことになると考えられます。

　例えば、顕微鏡の使い方や温度計の読み方のような実験操作が習得されているかどうかを確認したり、グラフを書くときは必要な情報を盛り込んでノートに記録ができているかを確認したりすることになります。

「観察・実験の技能」の評価規準例
- 身の回りの生物の様子やその周辺の環境とのかかわりについて諸感覚で確認し、温度計や虫眼鏡を適切に使用して観察している。
- ものによるとけ方の違いを調べ、ものがとける過程や結果を定量的に記録している。

○「自然事象についての知識・理解」
　この観点は、自然事象に対する正しい理解がなされているかを、知識の有無や、正しい考え方をもっているかどうかという点でみていくことになります。実際には、科学用語や器具の名前、自然事象に対する理解があるかどうかで判断していくことになると考えられます。

　例えば、生物や実験器具などの名前を覚えているか、顕微鏡の操作手順が理解できているかどうか、振り子の糸を短くしたら振れる速さが早くなることなどの自然事象の理解ができているかで確認することになります。

「自然事象についての知識・理解」の評価規準例
- 金属は熱せられた部分から順に温まるが、水や空気は熱せられた部分が移動して全体が温まることを理解している。
- 糸につるしたおもりが1往復する時間は、おもりの重さなどによっては変わらないが、糸の長さによって変わることを理解している。

❸ 4観点をどのように評価するのか

　評価と言えば、いわゆる「ペーパーテスト」で学力を測ることがすぐに思いつきますね。しかし、ペーパーテストで先述の4観点をすべて測ることができるのでしょうか。実際、「関心・意欲・態度」などは、ペーパーテストで測ることは非常に難しそうですね。また、実験の技能についても、ペーパーテストで成績が良かったとしても、「実際に実験の操作をさせてみるとできなかった」ということもあります。この事例では、もしかしたら実験方法の知識として暗記していただけで、技術的なものは理解していなかったのかもしれません。つまり、4観点を評価する上で、評価に適した方法と適さない方法があるということです。

　それでは、これらの4観点はどのように評価していけば良いのでしょうか。ここでは、観点別に測定しやすい方法について述べていきます。

○「自然事象への関心・意欲・態度」

　「関心・意欲・態度」は、日頃の子どもたちの行動の情報を蓄積し、評価することが一般的です。日頃から子どもと関わっていれば、誰が授業に対して積極的で、誰が積極的でないか、という傾向は分かります。しかし評価をする上では、「経験上」とか「何となく」では問題があります。つまり、評価をするには、揺るがない根拠を集めることが大切なのです。

　しかし実際は、毎日、毎時間、全員の行動を細かく観察することは物理的に難しいため、毎回主に誰と誰をみるのか対象を決めて、順に全員をみていくことになるでしょう。

NOTE
評価規準と評価基準

両方とも同じ「ひょうかきじゅん」ですが、よく見ると漢字が違うことに気付きます。簡単に言えば、「評価規準」は、何ができればいいかという方向性を示し、「評価基準」は、方向性を達成するために、具体的にどの程度までできたら良いのかを示したものになります。具体的に言うと、評価規準が「水を熱したときの水の温度変化を、時間の経過と関係付けて、予想や仮説をもち、表現している」であれば、「温度変化と時間の経過にふれて予想している記述があればA、沸騰後の予想だけであればB、…」など、具体的に評価する視点が評価基準なのです。

○「科学的な思考・表現」
　「科学的な思考・表現」を評価するためには、子どもたちの思考過程がわからなければなりません。また、「科学的」と書かれているいる以上、単に勘で答えるようなことでは「科学的な思考・表現」になりません。そのため、子どもたちには、根拠を記述・発表させたり、考え方や手続きを順に説明させたりして、論理的に表現させる機会をつくることが大切です。また、ノートに書かせる機会をつくることも有効で、主に「予想の場面」「考察の場面」で、①目的に対応して結果や考察を示しているか、②経験や既習の内容などを根拠に自分の予想を示しているか、③的確に結果を分析し自分の考えを示しているか、④聞き手に合わせて説明しているか、をポイントに評価していけばよいでしょう。

○「観察・実験の技能」
　「観察・実験の技能」を評価するためには、子どもたちの実験技能の習得がどの程度あるのかを確認したり、実験結果を的確に記録させたりする機会をつくる必要があります。技能の評価では、実験器具の操作手順を知識として知っているだけではなく、実際に操作できることも求められます。また、実験結果の記録が実験の目的に応じて、必要な情報をしっかりと記録しているかも重要になります。これらのことから、実験技能の知識を問う場合であれば、ペーパーテストで測ることも可能ですし、実際の操作ができるかどうかになると、子どもたち自身に操作させる機会をつくことが必要です。そのため、授業の際には一部の子どもで実験が進むのではなく、全員が操作できるような授業の工夫が必要になります。

○「自然事象についての知識・理解」
　「知識・理解」を評価するためには、基本的にペーパーテストが有効です。なぜならば、子どもが覚えなければならない知識は多くあるため、一度にたくさん確認できる方法が適しているのです。考えるためには、最低限覚えなければいけない知識があります。そのために、授業中の小プリントなども活用しながら、繰り返して子どもたちの学習状況を評価していくことも大切です。

I．子どもたちをどのように評価するのか

4 理科で使えるいろいろな評価のしかた

　ここでは、理科で使える評価の方法として、「ペーパーテスト」「ノートやワークシートの記録」「パフォーマンス評価」の３つを紹介します。前のページでも説明しましたが、観点によって評価しやすい方法、評価しにくい方法があります。評価の方法をたくさん知り、より確かな評価ができるようにしたいものです。

○ ペーパーテスト

　ペーパーテストは、一番身近なテストで、みなさんもこれまでたくさん取り組んできたのではないでしょうか。小学校では、テスト業者が作ったいわゆる「業者テスト」を使用することも多いのですが、小テストも含め、先生の「自作テスト」というものも結構あります。ペーパーテストの良さは、一斉に多くの問題を解かせることが可能であること、そして、記録として残り、学習状況を数値化できることにあるといえます。

　ペーパーテストは、覚えているかどうか、ちゃんと書くことができるか、という知識を問う場合や、思考過程を順に書かせ論理性を問う場合に適しています。

NOTE
絶対評価と相対評価

絶対評価では「あらかじめ設定された目標に到達しているかどうか」で判断します。一方、相対評価では「集団の中で、ある個人がどのあたりにいるか」で判断します。そのため、例えばテストの点が60点で、そこからA～Cで評価する時を考えてみましょう。絶対評価では、到達目標次第ですので、6割が目標に達していないと判断するならば「C」ですし、6割でもおおむね達成していると判断すれば「B」になります。一方、相対評価では、他の人がどれだけ点数をとっているかに影響しますので、テスト自体が難しく、60点がトップならば、「A」になりますし、ほとんどの子どもが80点以上ならば、60点は「C」になるのです。このように、評価方法によって成績が全く異なります。最近では、絶対評価が主流になっていますので、教師があらかじめ評価基準である到達目標を設定しておく必要があります。

◯ ノートやワークシートの記録

ノートやワークシートは、一般的に学習過程で記録しているものです。そのため、観察や実験の過程や、実験結果、考察が適切に書かれているかで評価することができます。また、前述の4観点で言えば、いくつかの観点を評価することが可能です。

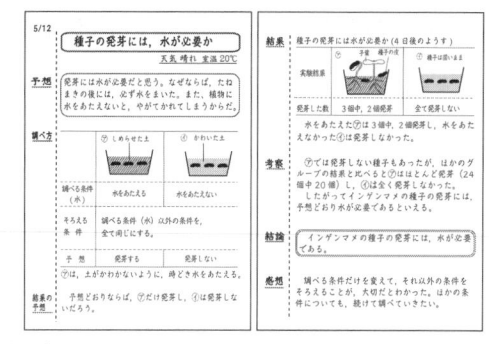

例えば、ノートを書く過程を通して、自分自身で積極的に考えようとしている姿で評価すれば「自然事象への関心・意欲・態度」の観点になりますし、予想や考察の記録が、根拠をもち論理的かどうかで評価すれば「科学的な思考・表現」の観点になります。また、実験結果をわかりやすく的確に書いているかどうかで評価すれば「観察・実験の技能」の観点になるのです。

◯ パフォーマンス評価

理科の実験技能を測定するとき、ペーパーテストで技能の点数がとれていたとしても、実際に実験器具を操作させてみると、よくわかっていないことがあります。このことは、実験方法を「体で覚えた」のではなく「知識として覚えた」に過ぎないのです。つまり操作技能は、実際に行動させてみないと正しい評価ができないことを意味しています。そこで、このような問題に対応するために「パフォーマンステスト」という方法を使って評価していきます。

パフォーマンス評価は、実技で評価するということで、例えば、顕微鏡やアルコールランプの使い方を一人ひとり確実に評価できます。しかしこの場合、非常に時間がかかることが課題としてありますので、時間の使い方に工夫が必要です。

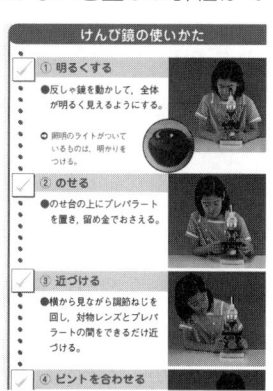

Ⅰ. 子どもたちをどのように評価するのか

5 子どもの発言やノートを評価するポイント

　子どもの発言やノートで評価する場合は、しっかりと「発言できているか」「表現できているか」が重要になります。つまり、言語力が身についていなければ、いくら良いことを頭で考えていても評価としては良い点をあげられないのです。ここでは、子どもの発言やノートを評価する上で、何に気をつければよいかについて、3つのポイントを示します。

○ 問題解決の過程に沿って書かれているか

　これまでの章でも述べているように、理科は問題解決の過程に沿って授業を進めていきます。子どもたちに科学的に表現させたければ、この実験の問題が何なのか、どのような方法を使うのか、何がわかったのかなどを、順に整理してから考えさせることが大切です。大人もそうですが、小学生は少し前にやったことになると記憶が曖昧になります。そのため、その時その時に必要な情報をノートに書かせるとともに、最終的にこれまでの記録を振り返らせて考えさせるようにすれば、理解しやすくなります。可能ならば、ノートを見やすくするために、1つの実験が見開きで済むようにします。

○ 問題に対する考察や結論が書かれているか

　次頁のノートの図では、問題が「種子の発芽には、水が必要か」になっています。この問題に対する答えを考えると、結論では水が「必要である」か「必要ではない」かのどちらかで文を結ぶことになります。しかし、結論を書く頃になると、問題が何だったか忘れてしまい「インゲン豆の種子は水をやったら芽が出た」のような、結果で書くような記述をする場合があります。また、考察においても「水を入れた場合は発芽した」という結果と、「水を入れない場合は発芽しなかった」という結果を根拠として、「発芽には水が必要である」ことを順に説明することが重要なのですが、「インゲン豆の種子は水が必要である」と結論だけを記述する場合があります。このように、問題に対して「結果」「考察」「結論」では何を書くのかを、あらかじめ教師が考えておかなければ、論理的な思考もできないし、表現もできなくなります。

○ 根拠や思考過程が明確で論理的に表現されているか

「科学的思考・表現」は、論理的に思考過程が表現できているかが重要になります。そのため理科においては、記述の中に根拠や思考過程が明確に書かれているかで大きく評価が変わってきます。下のノートの例で言えば、主に「予想」と「考察」の欄が子どもの思考過程を記述させる部分になります。例えば、「予想」の欄をみると、最初に「発芽には水が必要だと思う」と自分の予想を述べ、その後、これまでの生活経験（種まき時に水をやった・水をやらないと枯れる）を根拠にして答えています。また、「考察」の欄をみると、「水をやったら発芽し、やらなかったら発芽しなかった」という実験結果を根拠として順に説明し、「インゲン豆の種子は水が必要である」という結論を導いています。

このように「科学的」な思考をさせ、表現させるためには、根拠や思考過程が明確である文章が重要です。そのため、このような文章を書かせるためには、一度モデルとなる文章を示し、「どのような要素が（予想や考察などの）文章の中に必要なのか」という、書き方の指導もしなければならないでしょう。

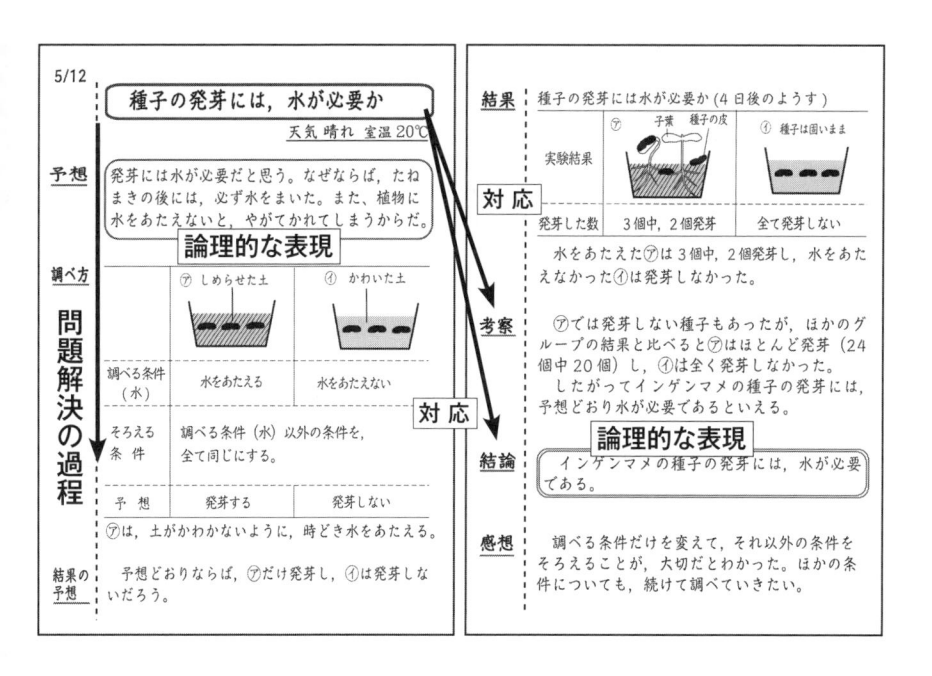

·············· **つながり・かかわり・わかりあい** ··············

学習評価って難しいですね〜。正直なところ、わかったようなわからないような…。でも、私もプロの教員ですからね。がんばっていこうと思います。まずは、理科の各単元における評価基準と評価規準をしっかり考えられるようにします。
あとは、指導要録との関連ですね。これもしっかり資料を探して読み込みながら勉強することにします。

嬉しいですね。すばらしい心がけだと思います。評価は本当に難しい内容を含んでいますから、あわてずに、でも目の前の子どものためにできるだけ急いで「知識・技能」を身につけてくださいね。期待しています。

だいぶすっきりしてきました。「言語力」についても「理科教育」についても「学習評価」についても理解が深まった気がします。
理論的な部分、計画を立てる段階についてはなんとかなりそうです。ただ、各学年の理科についてはまだまだイメージが描けません。それぞれの学年のポイントや実際の展開事例を説明していただければ…。

わかりました。では、次の章で3年生から6年生までのポイントと実践例を説明していきますね。キーワードは、「3年：比較する能力、4年：関係付ける能力、5年：条件制御の能力、6年：推論する能力」です。これを頭に置いて読み進めてくださいね。

第5章 各学年の具体的な指導

Ⅰ 第3学年
1 第3学年のポイント
- ○第3学年　理科の目標を見てみよう
- ○第3学年「A物質・エネルギー」のポイント
- ○第3学年「B生命・地球」のポイント

2 第3学年の実践例
- ○単元について
- ○授業について
- ○「比較する力」を育成するには
- ○授業展開

Ⅱ 第4学年
1 第4学年のポイント
- ○第4学年　理科の目標を見てみよう
- ○第4学年「A物質・エネルギー」のポイント
- ○第4学年「B生命・地球」のポイント

2 第4学年の実践例
- ○単元について
- ○授業について
- ○「グラフ化して説明する言語活動」を行うには
- ○「関係付ける力」を育成するには
- ○授業展開

Ⅲ 第5学年
1 第5学年のポイント
- ○第5学年　理科の目標を見てみよう
- ○第5学年「A物質・エネルギー」のポイント
- ○第5学年「B生命・地球」のポイント

2 第5学年の実践例
- ○単元について
- ○授業について
- ○「条件制御する力」を育成するには
- ○授業展開

Ⅳ 第6学年
1 第6学年のポイント
- ○第6学年　理科の目標を見てみよう
- ○第6学年「A物質・エネルギー」のポイント
- ○第6学年「B生命・地球」のポイント

2 第6学年の実践例
- ○単元について
- ○授業について
- ○「モデル図で示して説明する言語活動」を行うには
- ○「推論する力」を育成するには
- ○授業展開

Ⅰ. 第3学年

第5章 各学年の具体的な指導

❶ 第3学年

❶ 第3学年のポイント

> 第3学年で言語活動を重視した授業をするときは、「比較」というキーワードをあらかじめ知っておく必要があります。ここでは、「比較」がどうして重要なのか、言語力の育成にどのように関わっているのかについて述べていきます。

○ 第3学年　理科の目標を見てみよう

　3年生の授業では、何を目標としているのでしょうか。まずは、「学習指導要領解説理科編（平成20年8月）」の第3学年の目標（p.20）をみてみましょう。第3学年の大切な部分を下線で示しました。

第3学年の目標

(1) 物の重さ，風やゴムの力並びに光，磁石及び電気を働かせたときの現象を<u>比較しながら調べ</u>，見いだした問題を興味・関心をもって追究したりものづくりをしたりする活動を通して，それらの性質や働きについての見方や考え方を養う。

(2) 身近に見られる動物や植物，日なたと日陰の地面を<u>比較しながら調べ</u>，見いだした問題を興味・関心をもって追究する活動を通して，生物を愛護する態度を育てるとともに，生物の成長のきまりや体のつくり，生物と環境とのかかわり，太陽と地面の様子との関係についての見方や考え方を養う。

　このように、第3学年は、学年を通して「比較」という「問題解決の能力」（学習指導要領解説理科編 p.8）を重点的に育成していきます。

ここでの「比較」は、
①「問題を発見する（導入）場面」
②「共通点や差異点を明らかにする（実験）場面」の２つで主に活用されます。
　各場面でどのように使うか、第３学年「磁石の性質」を例にして、「比較」の使い方を考えてみましょう。

第３学年「磁石の性質」を例にした「比較」の記述例

「比較」を使う場面	子どもの「比較」の記述例
問題を発見する（導入）場面	「磁石につく物は、はさみの切る部分、机の脚のところ…、つかない物は、机の木の部分、窓枠、紙…」
	※磁石に「つく物」と「つかない物」で比べて、分類する記述がある。
	「はさみと窓枠は、同じ金属なのに、どうして磁石につく時とつかない時があるのかな」
	※「磁石に「つく物」と「つかない物」から疑問を感じる記述がある。
共通点や差異点を明らかにする（実験）場面	「はさみの金属の部分や、金属でできた鉛筆のキャップ、金属でできた机の脚が磁石につくので、金属は磁石につくのかな」（共通点の発見）
	※磁石に「つく物」がすべて金属であるという、共通点に気づく記述がある。
	「同じはさみなのに、できている物（鉄・プラスチック）によって、磁石についたりつかなかったりする」（差異点の発見）
	※磁石に「つく物」と「つかない物」から、物質の違いに気づく記述がある。

Ⅰ. 第3学年

　比較を「①問題を発見する（導入）場面」で行うことは、導入場面で２つの事象を比較させることで、共通点や差異点に気づかせ、その共通点や差異点から疑問を導くことを意味します。

　小学校の理科では、「（自然事象をみたり体験したりした中から）子ども自身が疑問をもって、その疑問を解決するために、積極的に実験を行う姿」がよいとされています。そのため、教師が最初から授業の内容を言ってしまうことは、子ども自身が疑問をもつ機会を失うため、良い授業方法とは言えません。つまり前者は、「どうしてかな？」と、子どもに疑問をもたせ、「調べてみたい」と、疑問を解決する意欲を高めているため、目的意識や実感をもって理解する事が期待されます。一方後者では、「先生がやろうと言っているから、実験をしている」だけになってしまうのです。そのため、多くの理科の単元では、子ども自身に疑問をもたせるための事象との出会いや、体験させる機会をつくります。例えば、「ゴムの働き」の単元導入であれば、「ゴールエリアに止めさせるようにすること」が考えられます。このとき、子どもは「どうしたらうまく止まるかな」「ゴムを引っ張りすぎてもダメだ」などと、自ら考えていきます。

　しかし自然観察のように、単元によっては、子どもだけで観察させると疑問が出にくいものもあります。そのようなときに利用するのが「『比較』を導入で利用する方法」です。例えば、「身近な自然の観察」では、２つの植物の葉を見せ比較させることで、形の違いや付き方の違いなど、２つの葉の違いに気づかせることができ、観察の視点を明確にすることができます。このように、「比較」導入場面で利用することで、疑問が出やすくなるのです。

　次に、比較を「②共通点や差異点を明らかにする（実験）場面」で行うことは、これまで「（何となく）共通点や差異点がある」と考えていたことを、観察や実験を行うことで、明確にすることを意味します。

こちらの方は、考えてみれば、実はごく当たり前のことなのですが、理科の実験で問題を解決する際には、ほとんどの場面で「比較」の考え方を使っています。例えば、「ゴムの働き」では、ゴムを強く引っ張る場合と、弱く引っ張る場合を比較しますし、「昆虫の体のつくり」のような観察の単元でも、複数の昆虫の体を比較します。このように、「比較」という考え方は、結果を分析するときに利用し、実験結果から共通点や差異点を明確にすることで、これまで漠然と考えていたことが、より明確になるのです。

> **辛甘コラム** 本音？ じゃあ、言わせてもらうけど…
> ### どうして「比較」する力が大切なのでしょうか？
>
> 　Aさんは、乾電池に豆電球をつないでみましたが、豆電球は点きません。友達の豆電球は、みんな点いているようです。このときAさんは、どのような行動をするでしょうか。おそらく、友達の回路をみて、自分の回路と比べ、何がおかしいのか考えるでしょう。この事例では、理科の授業の内容ですが、日常生活でも「何か」と「何か」を比べることはよくあることです。
>
> 　小学校理科では、科学的に自然事象をみていくことが求められます。そのため、自然事象をみるための基本として、物事を比べることをよく行います。例えば、予想する際には、以前の経験や知識と比較して考えていきますし、観察や実験をする際には、いくつかの条件を変えて複数の実験を行い、それらの結果を比較して共通点や差異点を明らかにしていきます。このように、3年生で学ぶ「比較」の考え方は、生涯ずっと使っていく考え方になります。
>
> 　3年生の授業で言えば、「何」と「何」を「比較」しているのかをはっきりさせるように、教師が指導する必要があります。例えば「物と重さ」の単元であれば、元々同じ重さの2つの粘土を用意し、一方は「一つの塊の粘土」で、もう一方を「小さくちぎったたくさんの粘土」に形を変え、それぞれの重さを比較させます。そして、「形が変わったら重さも変化するのか」について検証していきます。このとき、(元々2つの粘土は同じ重さということを確認した上で)何が違うのか(ここでは「形」)をはっきりさせて、何を調べる(ここでは「重さ」)のかをはっきりさせます。

Ⅰ. 第3学年

○ 第3学年「A物質・エネルギー」のポイント

学習指導要領解説理科編（p.21-22）には、第3学年「A物質・エネルギー」にかかわる目標として、以下のように示されています。

> 本区分では，物の重さ，風やゴムの力を比較したり，光，磁石及び電気を働かせたときの現象を<u>比較したりしながら調べ</u>，見いだした問題を興味・関心をもって追究したりものづくりをしたりして，それらの性質や働きについての見方や考え方を養うことが目標である。　（下線は著者）

第3学年のA区分では、5つの単元があり、以下の例のように比較しながら調べ、科学的な見方や考え方を養います。なお、比較をする場面は以下以外にも、各単元にたくさんあります。子どもたちに、何と何を比較するのか、学習指導要領解説理科編（p.21-27）を参照して考えてみましょう。

単元名	「比較」の例
風やゴムの働き	**ゴムの伸びを5cmにしたときと、10cmにしたときの車の移動距離を調べる** ⇨ 引っ張る長さによるゴムの力を比べる
	（例）ゴムを5cm引っ張った時よりも、10cm引っ張ったときの方が遠くまで移動したので、強く引っ張った方がゴムの力が強いことがわかった。
物と重さ	**2つの同じ重さの粘土を、形を変えて（球状、板状）重さを調べる** ⇨ 異なった形の粘土の重さを比べる
	（例）元々同じ重さの2つの粘土を、そのままの形と板の形にして、重さをはかって比べたら両方同じ重さだったので、粘土の形を変えても重さは変わらないことがわかった。

○ 第3学年「B生命・地球」のポイント

学習指導要領解説理科編（p.21）には、第3学年「B生命・地球」にかかわる目標として、以下のように示されています。

> 本区分では，身近に見られる動物や植物，日なたと日陰の地面を<u>比較しながら調べ</u>，見いだした問題を興味・関心をもって追究する活動を通して，生物を愛護する態度を育てるとともに，生物の成長のきまりや体のつくり，生物と環境とのかかわり，太陽と地面の様子との関係についての見方や考え方を養うことが目標である。　（下線は著者）

第3学年のB区分では、3つ単元があり、以下の例のような比較を行って科学的な見方や考え方を養います。学習指導要領解説（p.27-31）を参照して考えてみましょう。

単元名	「比較」の例
昆虫と植物	**身近にいる昆虫の体のつくりを調べる** ⇨ いろいろな生き物の脚の数や位置、形や大きさなどを比べる
	（例）トンボとカブトムシの体のつくりをみると、大きさや形は違うけど、あしの数はどちらも同じ6本で、頭、むね、はらの3つに体が分かれていた。
身近な自然の観察	**植物の成長を継続的に観察し、植物の高さや葉の数、大きさなどを記録する** ⇨ 時間の経過の記録をもとに、植物の高さや葉の数、大きさなどの成長の様子を比べる
	（例）ひまわりの成長を順に説明すると、…5月12日は、高さが20cmになり、葉の数は本葉が4枚、5月23日は、高さが40cmで、葉は8枚にふえていた。そして、6月10日には…。

I．第3学年

2 第3学年の実践例
「比較して考える」言語活動 ……「太陽と地面の様子」

○ 単元について

　この単元では、太陽の動きから日陰の位置が変わることや、太陽の光が当たる日なたと、当たらない日陰とでは、地面の温度が異なることについて学習します。具体的には、1日の太陽の位置と影の動きを観察し、時間ごとで太陽や影の動きを比較します。また、日なたと日陰の地面の暖かさや湿り気を体感して比較したり、朝と昼の温度を比較したりして、太陽の光が当たっている場所とそうでない場所の特徴を明らかにし、太陽や影の動き、太陽と地面の様子についての見方や考え方を養います。この単元の指導要領解説に書かれた目標をみてみましょう。

> 日陰の位置の変化や、日なたと日陰の地面の様子を調べ、太陽と地面の様子との関係についての考えをもつことができるようにする。
> ア　日陰は太陽の光を遮るとでき、日陰の位置は太陽の動きによって変わること。
> イ　地面は太陽によって暖められ、日なたと日陰では地面の暖かさや湿り気に違いがあること。
> 　　　　　　　　　　　　　　　（小学校学習指導要領解説理科編 p.30）

　学習指導要領の解説をみると、日陰の位置の変化や、日なたと日陰の地面の様子について、ア「日陰は太陽の光を遮るとできる」「日陰の位置は太陽の動きによって変わる」、イ「地面は太陽によって暖められる」「日なたと日陰では地面の暖かさや湿り気に違いがある」の4点についての理解が求められます。しかし、これまでに述べたように、知識だけではなく、同時に「言語力」や「比較」が身につくように授業を考えていく必要があります。つまり、**第3学年では「知識」「言語力」「比較する力」の3つを身につけていくことが重要なのです**。以下で説明する授業例では、第3学年で重要な「比較」という、問題解決の能力を育成する事例を紹介します。

○ 授業について

　この授業では、実際に日なたと日陰の地面をさわらせることで、「どうして日なたと日かげでしめり気がちがうのだろうか。」という疑問をもたせます。そして、その疑問を解決するために、温度計を使って地面の温度をはかることで、地面は太陽によって暖められるということを導いてきます。このとき、最初に日なたと日陰の地面をさわらせる導入を行うことで、日なたと日陰の違いに気づかせるような手立てをとります。また、表にして日なたと日陰の温度を対比させてまとめ、より「比較」して考えやすい状況づくりを行っていきます。

○「比較する力」を育成するには

　本授業での「比較」は、①導入の場面、②実験の場面、③結果をノートにまとめる場面、④結果や考察の整理の場面、の4つの場面で関係します。以下各場面ごとで簡単なポイントを示します。

① 導入の場面

　ここでは、日なたと日陰の地面を同時にさわらせて「比較」させることで、「2つの地面の違いに気づかせる」ことを目的としています。

② 実験の場面

　ここでは、日なたと日陰の地面の温度を「比較」させて測定させることで、実験中も「日なたと日陰の違いがどの程度か」ということを常に意識させることを目的としています。

③ 結果をノートにまとめる場面

　ここでは、日なたと日陰の地面の温度を、表で対比させてノートに書かせることによって、比較して見やすいようにすることを目的としています。

④ 結果や考察の整理の場面

　ここでは、実験結果を比較させ、日なたと日陰の温度の違いを明らかにすることで、しめり気がちがう理由を考えやすくすることを目的としています。

I. 第3学年

○ **授業展開**

（1）本時の目標

　日なたと日陰の地面の湿り気を比較することから、日光が当たることで地面の温度に違いがあることについて考えることができる。

（2）授業の実際

学 習 活 動	指導上の留意点（★は評価）
○**比　較**　日なたと日陰の地面を同時にさわって比較し、違いを発見する。（比較）	・複数箇所をさわらせて、共通点・差異点を発見させる。
T：日なたと日陰で何か違いがあるかな。 C：日陰の方がつめたい。 C：日なたは土が乾いている。	・一度子どもたちを集め、意見を聞いた後、共通意識をもたせるため、もう一度さわらせて確認させる。
どうして日なたと日かげでしめり気がちがうのだろうか	
C：太陽が当たっているからだよ。 T：太陽が当たっていたら、どうしてしめりけが違うといえるの？ C：日陰は乾かないからかな。 C：日が当たったところは、暖かいから早く乾くんじゃないかな？ T：そんなに温度が違うのかな？	・温度にしたらどの程度違いがあるのか測りたくなるように話を進める。

比較	○**比　較**　温度計で日なたと日陰の地面の温度を調べる。 ○記録の方法を確認する ・日なたと日陰の地面の温度をはかり、1時間後も測定する。 ○**比　較**　日なたと日陰の温度を表にして対比させ、結果をノートにまとめる。 *[日なたと日かげの地面の温度くらべ　町田ひろし　5月27日（はれ）の記録例]*	・温度計の目盛りの読み方や、地面の温度を測るときの注意点について説明する。 ★日なたと日陰の地面の温度を表にして記録することができたか。　　　（技能）
言語活動・比較	○**言語活動・比較**　日なたと日陰の地面の温度の結果を比較させ発表する。 ○**言語活動・比較**　日なたと日かげでしめり気が違う理由を考える。 「日なたの地面の温度は、日陰よりも温度が高かったので、良く乾きやすいと思う」 ○**まとめ** ・地面は太陽の光によってあたためられる。 ・日光が直接当たる日なたの方が、日陰の地面よりも温度が高くなる。	・日なたと日陰の地面の温度を比較させ、時間経過によって日なたの地面の方が上昇率が高いことから、日なたの方が温度が上がりやすいことに気づかせる。 ★日なたと日陰の違いを対比させて説明しているか。 　　　（思考・表現）

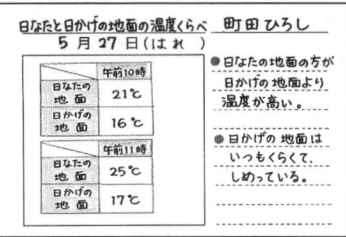

Ⅱ 第4学年

1 第4学年のポイント

> 第4学年で言語活動を重視した授業をするときは、「関係付け」というキーワードをあらかじめ知っておく必要があります。ここでは、「関係付け」がどうして重要なのか、言語力の育成にどのように関わっているのかについて述べていきます。

○ 第4学年　理科の目標を見てみよう

4年生の授業では、何を目標としているのでしょうか。まずは、「学習指導要領解説理科編（平成20年8月）」の第4学年の目標（p.32）をみてみましょう。第4学年の大切な部分を下線で示しました。

第4学年の目標

(1) 空気や水，物の状態の変化，電気による現象を力，熱，電気の働きと<u>関係付けながら調べ</u>，見いだした問題を興味・関心をもって追究したりものづくりをしたりする活動を通して，それらの性質や働きについての見方や考え方を養う。

(2) 人の体のつくり，動物の活動や植物の成長，天気の様子，月や星の位置の変化を運動，季節，気温，時間などと<u>関係付けながら調べ</u>，見いだした問題を興味・関心をもって追究する活動を通して，生物を愛護する態度を育てるとともに，人の体のつくりと運動，動物の活動や植物の成長と環境とのかかわり，気象現象，月や星の動きについての見方や考え方を養う。

このように、第4学年は、学年を通して「関係付けながら調べる」という「問題解決の能力」（学習指導要領解説理科編 p.8）を重点的に育成していきます。

ここでの「関係付け」は、

① 「自然の事物・現象を時間と関係付けて考える場面」
② 「これまでの学習や経験と現在の学習を関係付けて考える場面」

の2つの場面で主に活用されます。

各場面でどのように使うか、第4学年「金属、水、空気と温度」を例にして、「関係付け」の使い方を考えてみましょう。

第4学年「金属、水、空気と温度」を例にした「関係付け」の記述例

「関係付け」を使う場面	子どもの「関係付け」の記述例
自然の事物・現象を時間と関係付けて考える場面	「22度の水の温度を下げていくと、0度あたりから凍り始めてきた。温度は0度が50分ほど続き、その間はどんどん凍っていった」（結果の場面）
	※「温度」と「水の状態変化」について関係付けする記述がある。
	「最初はアルコールランプで熱した部分から示温インクが変化した。次に、アルコールランプで変化した水は上にあがり、水面の方から下の方へ順に色が変化していった」（結果の場面）
	※「時間」と「色の変化（温度変化）」を関係付ける記述がある。
これまでの学習や経験と現在の学習を関係付けて考える場面	「斜めにした金属棒の真ん中を熱したときは、火から両方に向かって熱が伝わったので、斜めにした試験管に入れた水も両方に向かって熱が伝わっていくと思う」（予想の場面）
	※「既習事項」と「自分の考え」を関係付ける記述がある。

関係付けを「①自然の事物・現象を時間と関係付けて考える場面」で行うことは、事象がどのように変化するかを観察・記録し、時間の経過に伴う変化の特徴をとらえることを意味します。

小学校の理科では、単に「知識をもっていればいい」というわけではなく、自然事象をじっくりと観察させ、実際に体験させることで、「実感をもって理解すること」が重視されます。しかし、実際に体験したり、観察したりしたとしても、観察や実験の視点（具体的にどういうところを観るのか）をもっていなければ、「単に見ただけ」「単に触ってみただけ」になりかねません。そのため、例えば「火をつけてから、1分後は○度で△△△…、2分後は…7分後は△度で、これまでより温度が上がらなくなってきた」のように、目的意識をもって観察や実験での事象の変化や操作の過程を大切にするように意識付ける必要があります。このとき、重要になってくるのが「関係付け」の考え方です。「関係付け」は、観察や実験の過程で、複数の視点で自然を観る1つの方法です。そのため実験などの過程で、<u>何と何をどのように観るのかをはっきりさせ、それらの観点を「関係付け」させて考えさせることが大切になるのです</u>。

次に、関係付けを「②これまでの学習や経験と現在の学習を関係付けて考える場面」で行うことは、以前学習したことやこれまでの経験から、現在調べている内容と似ていないかを考え、状況や考え方が似ていれば、その考えを適用させ、過去の学習と現在の学習とを関係付けることを意味します。

何か新しいことを調べるときには、これまでの経験を必ず使っています。また、

勉強は日常生活で活かされてはじめて意味があります。そのため、今直面している問題を解決する場面で、これまでの学習内容を積極的に使うことはとても大切なのです。つまり、今直面している問題解決場面で、これまでの学習と関係付けて考えることは、問題を解決しやすくするだけではなく、これまで学習したことが根拠となるために、より説得性を高める効果もあります。そのため、「関係付け」の考え方は、問題の解決において重要な能力なのです。

> **辛甘コラム** 本音？ じゃあ、言わせてもらうけど…
> ## どうして「関係付け」する力が大切なのでしょうか？
>
> 　科学的に説明するためには、因果関係（結果が○○だったことから、原因が△△といえる）や、前後関係（実験前は○○だったけど、時間が経つと△△に変化した）などの関係を明らかにして、論理的に説明することが求められます。論理的に説明するためは、物事を意味付けたり関係付けたりしながら、結論までを順に説明していくことになります。
>
> 　小学校理科の授業では、論理的に説明する力を育成するために、実験結果を根拠として原因を考えさせたり、現象が起こる原因を、これまでに学習した内容を用いて説明させることを行っていきます。4年生以上では、実験結果を的確にとらえさせるために、例えば「水を熱すると、水の温度と様子がどのように変化していくのだろうか」を問題にした場合では、意識的に「時間経過」と「温度変化」のように視点を関係付けながら観察や実験を行います。
>
> 　このように「関係付ける力」は、物事を科学的にみたり論理的に考えたりするための1つの能力であり、理科の目標である「科学的な見方・考え方」を培うために必要なものなのです。
>
> 　4年生の授業で言えば、「何か」と「何か」を「関係付け」するように意識的に教師が指導する必要があります。「天気の様子」の単元であれば、「時間の経過」と「気温の変化」の関係であるし、「空気と水の性質」の単元であれば、「体積」と「手ごたえ」の関係、「月と星」の単元であれば、「日付（時間）」と「月の位置や形」の関係などがそれに当たります。

Ⅱ. 第4学年

○ 第4学年「A物質・エネルギー」のポイント

学習指導要領解説理科編（p.32）には、第4学年「A物質・エネルギー」にかかわる目標として、以下のように示されています。

> 本区分では，空気や水，物の状態の変化，電気による現象を力，熱，電気の働きと<u>関係付けながら調べ</u>，見いだした問題を興味・関心をもって追究したりものづくりをしたりする活動を通して，それらの性質や働きについての見方や考え方を養うことが目標である。　（下線は著者）

第4学年のA区分では、3つの単元があり、以下の例のように関係付けながら調べ、科学的な見方や考え方を養います。なお、関係付けをする場面は以下以外にも、各単元にたくさんあります。子どもたちに、何と何を関係付けさせるのか、学習指導要領解説（p.34-37）を参照して考えてみましょう。

単元名	「関係付け」の例
金属、水、空気と温度	**金属棒の真ん中を熱して、どのように熱が伝わるか時間を計りながら記録す** ⇨ 時間の経過と、金属の熱の伝わり方の関係をとらえる
	（例）金属棒を熱すると、火が当たっている部分から順に外側へ熱が伝わっていった。
電気の働き	**直列つなぎで電池の数を1つから2つに増やしたときの豆電球の明るさを調べる** ⇨ 乾電池の数と、明るさの関係をとらえる
	（例）直列つなぎで乾電池を1つから2つに増やしたとき、豆電球の明るさは乾電池1個の時よりも2個の時の方が明るかった。

○ 第4学年「B生命・地球」のポイント

学習指導要領解説理科編（p.33）には、第4学年「B生命・地球」にかかわる目標として、以下のように示されています。

> 本区分では、人の体のつくり、動物の活動や植物の成長、天気の様子、月や星の位置の変化を運動、季節、気温、時間などと<u>関係付けながら調べ</u>、見いだした問題を興味・関心をもって追究する活動を通して、生物を愛護する態度を育てるとともに、人の体のつくりと運動、動物の活動や植物の成長と環境とのかかわり、気象現象、月や星の動きについての見方や考え方を養うことが目標である。　（下線は著者）

第4学年のB区分では、4つ単元があり、以下の例のような関係付けながら調べ、科学的な見方や考え方を養います。学習指導要領解説（p.37-42）を参照して考えてみましょう。

単元名	「関係付け」の例
季節と植物	**季節ごと動植物の様子や生き方を調べ、観察し記録する** ⇨ 各季節ごとの特徴（気温やえさ、植物の成長による生き物のすみかなど）と動植物の生き方をを関係付けて考える
	（例）校門前のさくらの木を見ると、春の時は花が満開にいて、葉っぱがなかったけど、夏になると花が枯れて葉が増えていった。春より夏の方が暖かいからかな。
人体のつくりと運動	**腕を折り曲げたり伸ばしたりしたときの腕の動きと筋肉の伸び具合を触って調べてみる** ⇨ 腕の外側と内側の筋肉の伸び縮みによって腕を動かすことができることをとらえる
	（例）うでを曲げると、内がわのきん肉がふくらんで、外側の筋肉がぴんとはった。うでを伸ばすと、内がわのきん肉がのびて、外側の筋肉がぴんとはらなくなった。

Ⅱ. 第4学年

2 第4学年の実践例
「グラフ化して説明する」言語活動 ……「金属、水、空気と温度」
○ 単元について

　この単元では、温度を変えるなどしたときの金属、水、空気の変化について学習します。具体的には、温度を変えたときに金属、水及び空気の体積はどうなるか、金属、水及び空気の温まり方の特徴は何か、温度によって水はどのように変化するかについて調べ、金属、水及び空気の性質についての見方や考え方を養います。この単元の学習指導要領解説に書かれた目標をみてみましょう。

> 金属，水及び空気を温めたり冷やしたりして，それらの変化の様子を調べ，金属，水及び空気の性質についての考えをもつことができるようにする。
> ア　金属，水及び空気は，温めたり冷やしたりすると，その体積が変わること。
> イ　金属は熱せられた部分から順に温まるが，水や空気は熱せられた部分が移動して全体が温まること。
> ウ　水は，温度によって水蒸気や氷に変わること。また，水が氷になると体積が増えること。
> 　　　　　　　　　　　　　　　（小学校学習指導要領解説理科編 p.35）

　学習指導要領の解説をみると、金属，水及び空気について、ア「温度を変えると体積が変わる」、イ「金属は熱源から順番に伝わり、水や空気は全体が温まっていく」、ウ「水の三態変化」の3点について理解させることが求められます。しかし、これまでに述べたように、知識だけではなく、同時に「言語力」や「関係付け」が身につくように授業を考えていく必要があります。つまり、第4学年では**「知識」「言語力」「関係付け」の3つを身につけていくことが重要なのです。**以下で説明する授業例では、「グラフ化して説明する」や「関係付ける力」が求められる考察の場面で、グラフを使って説明する言語活動の事例や、第4学年で重要な「関係付け」という、問題解決の能力を育成する事例を紹介します。

○ 授業について

　この授業では、「水を熱すると、水の温度と様子がどのように変化していくのだろうか。」について、①時間の変化と水の温度変化の関係、②温度と水の様子との関係、について調べていきます。このとき、沸騰前後の写真を示し、その過程を示さず導入を行うことで、沸騰までの過程に着目させ、その変化の様子を追究する方向に進めるような手立てをとります。また、水の温度や様子の変化を、時間や温度と関係付けることが重要となるために、ノート記録や発表時にしっかりと関係付けて説明がなされているかどうか教師が確認し、必要に応じて指導していきます。

○「グラフ化して説明する言語活動」を行うには

　グラフにまとめる良さは、変化の様子が一目でわかることです。つまり、相手に説明をする場合、単に言葉だけで説明するよりも、視覚的に示しながら説明する方が相手により伝わりやすくなるのです。しかし、小学校の理科の授業ではグラフにまとめる授業はそれほど多くありません。そのため、グラフ化して説明する言語活動を行うには、この授業は重要なものとなります。実際には、グラフを示しながら、時間経過の順に説明を加えていく形が考えられます。

○「関係付ける力」を育成するには

　本授業での「関係付け」は、「時間経過」と「温度変化」、「温度」と「水の様子」などを関係付けながら観察し、結果を発表することが重要になります。そのため、子どもが観察したり発表したりする場面で、これらを関係付けているかどうかを教師が確認することが大切です。例えば、水の様子の発表では、「火をつけるとすぐにフラスコが曇った。その後、フラスコの曇りがとれた」のように、単に変化だけを言うのではなく、「○度の時は、…」のように、温度と関係付けるように指導します。

Ⅱ. 第4学年

○ 授業展開

（1）本時の目標
　水を熱したときの水の温度と様子がどのように変化したのかについて、時間の経過を追ってグラフにまとめ、グラフを使って説明することができる。

（2）授業の実際

学　習　活　動	指導上の留意点（★は評価）
○透明ポットの沸騰前後の写真を見せる。	・沸騰前後の違いを発見させる。 （あわ・ゆげなど）
○この2枚の写真の間には何があったのかな？ C：熱した。 T：どうしてそう言えるの？ C：水を熱したら泡が出るから。 T：水を熱したら、本当に泡が出てくるの？	・沸騰の過程に着目させる
水を熱すると、水の温度と様子がどのように変化していくのだろうか。	
○実験方法を考える 　T：実験で何を調べるのか確認しましょう。 　・水の温度変化　　・時間 　・水の変化の様子	・時間と温度変化、時間と水の変化の様子を関係付けさせるように指導する。

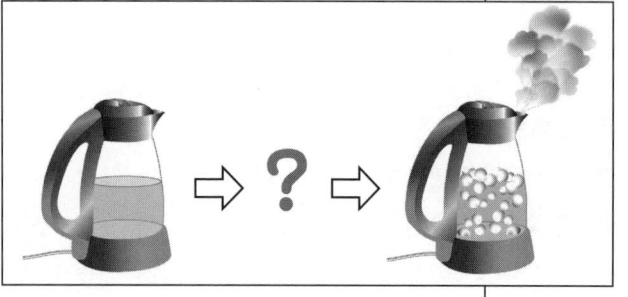

<p style="writing-mode:vertical-rl">言語活動・関係付け</p>○記録の方法を確認する ○**言語活動・関係付け** 　温度変化について調べたことを視覚的に説明するため、グラフを使って 「熱する前は20度だった水を熱し始めると、4分後には約55度、8分後には約85度と温度が上がっていき、10分後になると約100度になった。その後、火を消すまで100度が続き、火を消したあとは、温度が下がっていった」 と説明させる。 ○**言語活動・関係付け** 　温度変化による水の変化の様子について先ほどの表を使って説明する。 「熱してすぐは、フラスコの周りがすぐに曇った。2分後は、フラスコの曇りが消えていた。4分後は…」	・時系列で記録させる方法と表にまとめて記録する方法について違いを説明する。 ★水の温度変化について、表を使って時間と温度を関係付けて説明できたか。 　　　　　　（思考・表現）
○**まとめ** ・水は熱し続けても約100度で止まる。 ・最初は泡がなかったが、小さい泡が出てきて、その後大きい泡が出てくる。 ・水の温度が100度に近づくと、水の中から激しい泡が出てくることを「ふっとう」という。	※本授業は、考察する内容がないために、考察は行わない。

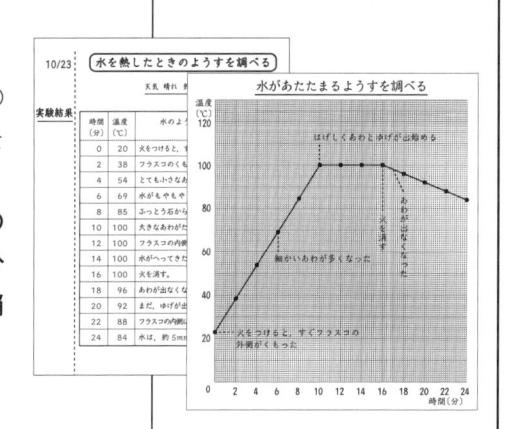

Ⅲ 第5学年

1 第5学年のポイント

> 第5学年で言語活動を重視した授業をするときは、「条件に目を向けながら調べる」(以下「条件制御」とする) というキーワードをあらかじめ知っておく必要があります。ここでは、「条件制御」がどうして重要なのか、言語力の育成にどのように関わっているのかについて述べていきます。

○ 第5学年　理科の目標を見てみよう

5年生の授業では、何を目標としているのでしょうか。まずは、「学習指導要領解説理科編（平成20年8月）」の第5学年の目標（p.43）をみてみましょう。第5学年の大切な部分を下線で示しました。

第5学年の目標

(1) 物の溶け方，振り子の運動，電磁石の変化や働きをそれらにかかわる<u>条件に目を向けながら調べ</u>，見いだした問題を計画的に追究したりものづくりをしたりする活動を通して，物の変化の規則性についての見方や考え方を養う。

(2) 植物の発芽から結実までの過程，動物の発生や成長，流水の様子，天気の変化を<u>条件，時間，水量，自然災害などに目を向けながら調べ</u>，見いだした問題を計画的に追究する活動を通して，生命を尊重する態度を育てるとともに，生命の連続性，流水の働き，気象現象の規則性についての見方や考え方を養う。

このように、第5学年は、学年を通して「条件に目を向けながら調べる（条件制御）」という「問題解決の能力」（学習指導要領解説理科編 p.8）を重点的に育成していきます。ここでの「条件制御」は、

①「実験計画の場面(原因が何かについて調べる方法を考える場合)」
②「考察の場面(複数の実験結果をもとに、原因を結論づける場合)」
の2つの場面で主に活用されます。

各場面でどのように使うか、第5学年「振り子の運動」を例にして、「条件制御」の使い方を考えてみましょう。

第5学年「振り子の運動」を例にした「条件制御」の記述

「条件制御」を使う場面	子どもの「条件制御」の記述例
実験計画の場面 (原因が何かについて調べる方法を考える場合)	「ふりこが1往復する時間は、おもりの重さに関係があるかどうかを調べるためには、ひもの長さと、ふれはばを変えないで、おもりの重さだけを50gから100gに変えて比べればいい」
	※1つの条件(調べたい条件)だけを変えること(他の条件は変えないこと)についての記述がある。
考察の場面 (複数の実験結果をもとに、原因を結論づける場合)	「おもりの重さとふれはばの場合は、条件を変えても変えなくても1往復の時間は変わらなかった。糸の長さを変えたときだけ1往復の時間が変わったことから、1往復の時間は糸の長さに関係があることがわかった」
	※「糸の長さを変えたときだけ1往復の時間が変わった」だけでは、「結果」の記述と変わらないことに留意する。 ※「1往復の時間は糸の長さに関係があることがわかった」だけでは、初めてこの文章を読む人にとっては、論理的ではないし、「結論」の記述と変わらないことに留意する。(考察を書く場合は、根拠(実験結果)を同時に書かせるとよい)

Ⅲ. 第5学年

　条件制御を「① 実験計画の場面」で行うことは、まず自然の事物・現象が起こる原因が何かを予想して、次に原因が予想したとおりなのかどうかを調べるために、実験計画の場面で実験の条件を整理・確認することを意味します。

　子どもたちは、日常の生活では条件を整理して科学的にしっかりと調べることがほとんどありません。そのため、2つ以上の条件を同時に変えて実験してしまったり、実験結果に影響しそうな条件を意識しないまま実験してしまったりします。したがって、実験計画の場面では子どもに「何を調べたいのか」「調べるためには、何の条件をどのように変えて、変えない条件は何か」をはっきりさせてから実験に移る必要があります。このように言葉によって表現させることが「言語活動」にあたり、言葉によって表現させることで、実験の目的や方法が明確になったり、結果や考察を書く上で、見通しをもって進めることができたりします。

　次に、条件制御を「② 考察の場面」で行うことは、条件制御を行った複数の実験の結果を、考察の場面で整理して考えることを意味します。そもそも、条件制御は何のために行っているのかを考えてみると、例えば、「振り子の運動」の単元では、「ふりこが1往復する時間に影響を与えているのは何か」について調べる時には、「おもりの重さ」「糸の長さ」「ふれはば」のように、考えられる条件が複数あるために整理しなければならないからです。つまり、複数の条件がある場合は、1つずつ順番に条件を変えて（制御して）調べていかなければならないのです。また、「電流の働き」でも同じように、「電磁石を強くするためにはどのようにすれば良いか」を調べる時には、電池の数やコイルの巻き数などの条件を変えて、コイルの磁力を強くする要因を調べます。ここでも、電池の数、コイ

水を与えるのと与えないとでは成長はどのように違うのかな？

ルの巻き数、導線の長さなど、複数の条件をそろえることを考えて実験しなければなりません。

　このように、条件制御を行った考察場面では、複数の実験結果が出るために、結局何が原因なのか、何がどの程度影響を与えているのか、ということを論理的に整理し、まとめることが求められるのです。

辛甘コラム　本音？　じゃあ、言わせてもらうけど…

どうして「条件制御」する力が大切なのでしょうか？

　日常生活では、「原因が何なのか」を調べる、論理的に考えることがあります。しかし子どもの日常では、自然の事象に対して興味をもって調べることはあっても、1つひとつ条件を変えて原因を調べるところまでは、ほとんどしないでしょう。そのため、理科の授業で「条件制御」という考え方を通して、論理的に考える力を身につけさせることになります。

　「条件制御」について学ばせるためには、「この実験を行う上で、何の条件が実験に影響するのか」を、あらかじめ考えさせる必要があります。そして、原因を調べるための方法も考えさせます。そのため、「条件制御」について学習させる時には、①実験に関係がない条件、実験に影響しそうな条件について考えさせる、②変える条件（調べたい条件）と変えない条件を明確にする、ことが大切です。このように、目的に応じて条件について考えることは、論理的な考え方を身につけるために必要なのです。

　例えば、5年の「振り子」の実験では、子どもは「調べたい条件（比べる条件）」と「そろえる条件」を意識的に考えさせてから、2つの事象を比べる実験します。このとき、「おもりの重さ」「糸の長さ」「ふればば」の条件のどれが、ふりこの1往復する時間に関係があるかを追究します。ここでの基本は、<u>1つの条件だけを変えて、それ以外の条件を変えないようにすること</u>になります。しかし、教師がしっかりと指導しない場合には、「ふれはば」と「糸の長さ」を同時に変えて実験してしまうことがあります。そのためこの場面では、1往復する時間が変わったとしても、原因が「ふれはば」なのか「糸の長さ」なのかわからないということになるのです。

Ⅲ．第5学年

○ 第5学年「A物質・エネルギー」のポイント

学習指導要領解説理科編（p.43）には、第5学年「A物質・エネルギー」にかかわる目標として、以下のように示されています。

> 本区分では，物の溶け方，振り子の運動，電磁石の変化や働きをそれらにかかわる<u>条件に目を向けながら調べ</u>，見いだした問題を計画的に追究したりものづくりをしたりする活動を通して，物の変化の規則性についての見方や考え方を養うことが目標である。　（下線は著者）

第5学年のA区分では、3つ単元があり、以下の例のような条件に目を向けながら調べる（条件制御）ことを行って物の性質や規則性についての見方や考え方を養います。なお、条件制御をする場面は以下以外にも、各単元にたくさんあります。自分で、何を条件制御させるのか、学習指導要領解説（p.44-48）を参照して考えてみましょう。

単元名	「条件制御」の例
振り子の運動	**条件制御により、1つの条件（例:おもりの重さ・糸の長さ・ふれ幅のいずれか）を変え、それ以外の条件をそろえる**　⇨ ふりこの1往復する時間に関係する原因をとらえる
	（例）ふりこが1往復する時間は「おもりの重さ」に関係すると考える時は、「ひもの長さ」や「ふれはば」は変えないで、おもりの重さだけを15gと30gにして比べる。
電流の働き	**条件制御により、1つの条件（例：コイルの巻き数・電池の数・導線の長さのいずれか）を変え、それ以外の条件をそろえる**　⇨ 電磁石を強くする条件を確認する
	（例）コイルの磁力は「コイルの巻き数」に関係すると考える時は、「電池の数」や「導線の長さ」などは変えないで、巻き数だけを100回と200回にして比べる。

○ 第5学年「B生命・地球」のポイント

学習指導要領解説理科編（p.44）には、第5学年「B生命・地球」にかかわる目標として、以下のように示されています。

> 本区分では、植物の発芽から結実までの過程、動物の発生や成長、流水の様子、天気の変化を<u>条件</u>、時間、<u>水量</u>、自然災害などに目を向けながら調べ、見いだした問題を計画的に追究する活動を通して、生命を尊重する態度を育てるとともに、生命の連続性、流水の働き、気象現象の規則性についての見方や考え方を養うことが目標である。　（下線は著者）

第5学年のB区分では、4つ単元があり、以下の例のような条件制御を行って科学的な見方や考え方を養います。学習指導要領解説（p.48〜53）を参照して考えてみましょう。

単元名	「条件制御」の例
植物の発芽、成長、結実	**条件制御により、1つの条件（例：光の量・水の有無・温度の高さのいずれか）だけを変え、それ以外の条件をそろえる** ⇨ 種子の発芽に影響を与えている原因をとらえる
	（例）種子の発芽に必要な条件を考える時に「温度」が関係すると考える時は、「光の量」や「水の量」の条件は変えないで、「温度」の条件だけを4度と20度で比べる。
天気の変化	**条件制御により、1つの条件（例：天気）だけを変え、それ以外の条件（例：観測時刻や場所、方法など）をそろえる** ⇨ 天気による気温の変化の違いをとらえる
	（例）観測時刻を9時から15時までの30分ごと、場所を1日中日かげにならない決まった場所、直接日光が当たらないようにして1.2 mの高さで調べ、晴れ、くもり、雨の時の気温の変化を比べる。

Ⅲ. 第5学年

2 第5学年の実践例
「条件を制御して考える」言語活動 ……「振り子の運動」
○ 単元について

　この単元では、ふりこが1往復する時間を決める要因について学習します。具体的には、「おもりの重さ」「ひもの長さ」「ふれはば」の3つの条件に目を向けながら、調べたい条件だけを変え、それ以外の条件を変えずに調べ、ふりこの仕組みについての見方や考え方を養います。この単元の指導要領解説に書かれた目標をみてみましょう。

> おもりを使い、おもりの重さや糸の長さなどを変えて振り子の動く様子を調べ、振り子の運動の規則性についての考えをもつことができるようにする。
> ア　糸につるしたおもりが1往復する時間は、おもりの重さなどによっては変わないが、糸の長さによって変わること。
>
> （小学校学習指導要領解説理科編 p.46）

　学習指導要領の解説をみると、知識としては「振り子が1往復する時間は、糸の長さによって変わる」ということが理解できればいいようです。しかし、これまでに述べたように、知識だけではなく、同時に「言語力」や「条件制御する力」が身につくように授業を考えていく必要があります。つまり、**第5学年では「知識」「言語力」「条件制御する力」の3つを身につけていくことが重要なのです。**以下で説明する授業例では、「条件制御する力」が求められる実験の計画場面で、条件をあらかじめ整理し、実験の見通しをもたせるために言語活動を取り入れる事例を示します。ここで大切なことは、何を調べたいのかをはっきりさせ、結果がどのようになれば、どのように言えるのかというところまで、言語活動で話し合わせることになります。

○ 授業について

　この授業では、「ふりこが１往復する時間に影響を与えているのは『おもりの重さ』『糸の長さ』『ふれはば』のどれなのか」について、ふりこがふれる時間を測定して調べていきます。このとき、ふりこが10往復する時間を測定して、その時間を10で割り、１往復分の時間を導き出します。

　条件制御の考え方は、実験計画の場面で意識させることが特に重要です。この授業の実験計画の場面では、「おもりの重さ」「糸の長さ」「ふれはば」それぞれの条件が、ふりこが１往復する時間に影響があるかどうかを調べる実験計画を立てることになります。したがって、「条件を制御して考える言語活動」では、３つの条件のうち何の条件を変えて、何の条件を変えないかを言語活動で明確にさせる手立てを行うことが重要になります。また、見通しをもたせるために、実験結果をあらかじめ予想させるときに言語活動を用いることも良いと思われます。そのためには、教師が意識的に「条件をそろえなければいけない」「実験結果がどうなったら、どのように言えるのか」ということを考えさせる機会を作る必要があります。もし、子どもたちにこのような条件制御の考え方を意識させずに「正しい実験方法を教えるだけ」であれば、子どもは単に「先生に言われた実験方法をするだけ」になってしまいます。そこには、子どもの思考は働いていませんので、注意が必要です。

○「条件制御する力」を育成するには

　この授業での「条件制御する力」を育成するポイントが２つあります。１つは、「実験で比べるときには、複数の条件を同時に変えてしまうと原因がわからない」ことに気づかせることです。そもそも、「実験条件をそろえる」という考え方が十分でない子どもがいるため、「条件をそろえる必要性」に気づかせる機会をつくることが重要です。もう１つは、「調べたいことが何で、どのように条件をそろえるか」について整理させることです。つまり、調べたい条件を変えて比較し、それ以外の条件は変えずにそろえておくということを、具体的に確認することが重要になります。

Ⅲ. 第5学年

○ **授業展開 【推論する力を育成する ～モデル図を使った言語活動～】**
（1）本時の目標
　ふりこが1往復する時間に影響を与えている条件は「おもりの重さ」「ひもの長さ」「ふれはば」のどれかについて調べるための実験計画を立てる上で、1つの条件だけを変えて、それ以外の条件は変えないことを理解することができ、結果を想定し、実験の見通しをもつことができる。

（2）授業の実際

学　習　活　動	指導上の留意点（★は評価）
○2つのふりこの動きを比較させ1往復する時間が異なることに着目させる。 　ふりこA：おもりの重さ　　100ｇ 　　　　　　糸の長さ　　　　30cm 　　　　　　ふれはば　　　　30度 　ふりこB：おもりの重さ　　50ｇ 　　　　　　糸の長さ　　　　50cm 　　　　　　ふれはば　　　　15度 　T：ふりこの1往復する時間はどうかな？ 　C：早さが違う。Aの方が早いよ。 　C：Aの方は上のほうから動かしたからじゃないの？ 　C：Aの方はおもりが大きいからだよ 　C：糸の長さも違うよ	・最初は単にふりこの早さや、ふりこのつくりの違いに気づかせる。気づかなければ、2～3回実験を繰り返す。
ふりこが1往復する時間が変わるのは、何が原因なのかな。	
T：ということは、3つとも原因と言っていいんだね？ 　C：いや、このままじゃ、何が原因かわからないよ	・3つの原因を強調することで、実験方法の問題点に気づかせる。

条件制御	T：どういうこと？ C：**条件制御**　「AとBのふりこは、おもりの重さや糸の長さが違うから、比べられない」 ○予想される原因を整理する。 「おもりの重さ」「糸の長さ」「ふれはば」 ○**条件制御**　実験方法を考える ⓐ おもりの重さが原因かどうか調べる場合 　変える条件： 　　おもりの重さ（50 g、100 g） 　変えない条件： 　　糸の長さ（30cm）、ふれはば（15度）	★1つの条件だけを変えないとわからないことに気づき、説明できるか。 　　　　　　（思考・表現） ★ⓑ 糸の長さ（30cm、50cm）や、ⓒふれはば（30度、50度）に関しても同様に確認する。　　　（技　能）
言語活動	○**言語活動**　調べることを明確にするため、目的と方法を「**おもりの重さが原因かどうかを調べたいので、おもりの重さだけを 50 g と 100 g で比べて、他の条件は変えない**」と確認させる。 ○**言語活動**　実験の見通しをもたせる。 T：実験結果がどのようになったら、1往復する時間が変わる原因が「おもりの重さ」だと言えるのかな C：「50 g と 100 g のおもりをつけた 2つのふりこの 1 往復する時間が違っていれば、おもりの重さが原因だと言える」 T：それじゃ、実際の実験方法を考えていこうね。	・教師が確認するだけではなく、子どもたちに説明させる。 ・逆のことも確認する。（時間が変わらなければ、原因ではない） ・この段階で見通しをもたせると、考察が書きやすくなる。

Ⅳ 第6学年

1 第6学年のポイント

> 第6学年で言語活動を重視した授業をするときは、「推論」というキーワードをあらかじめ知っておく必要があります。ここでは、「推論」がどうして重要なのか、言語力の育成にどのように関わっているのかについて述べていきます。

○ 第6学年　理科の目標を見てみよう

6年生の授業では、何を目標としているのでしょうか。まずは、「学習指導要領解説理科編（平成20年8月）」の第6学年の目標（p.54）をみてみましょう。第6学年の大切な部分を下線で示しました。

第6学年の目標

(1) 燃焼，水溶液，てこ及び電気による現象についての<u>要因や規則性を推論</u>しながら調べ，見いだした問題を計画的に追究したりものづくりをしたりする活動を通して，物の性質や規則性についての見方や考え方を養う。

(2) 生物の体のつくりと働き，生物と環境，土地のつくりと変化の様子，月と太陽の<u>関係を推論しながら調べ</u>，見いだした問題を計画的に追究する活動を通して，生命を尊重する態度を育てるとともに，生物の体の働き，生物と環境とのかかわり，土地のつくりと変化のきまり，月の位置や特徴についての見方や考え方を養う。

第6学年は、学年を通して「推論」という「問題解決の能力」（学習指導要領解説理科編 p.8）を重点的に育成していきます。ここでの「推論」は、

① 「自然の事物・現象についての要因を考える場面」
② 「現象が起こる共通点や変化のきまりなどの規則性を考える場面」
③ 「関係について考える場面」

の3つの場面で主に活用されます。

各場面でどのように使うか、第6学年「燃焼の仕組み」を例にして、「推論」の使い方を考えてみましょう。

第6学年「燃焼の仕組み」を例にした「推論」の記述例

「推論」を使う場面	子どもの「推論」の記述例
自然の事物・現象についての要因を考える場面	「ふたをした集気びんの中のろうそくの火が消えたのは、びんの中の空気の性質が変わったからではないか」
	※ろうそくの火が消えた要因を、空気の性質と関係付けて推論（予想）している。
現象が起こる共通点や変化のきまりなどの規則性を考える場面	「キャンプで火をつけたときは、新しい空気を送れば火がついたままだったので、集気びんの場合も同じように新しい空気があれば燃え続けるのではないか」（共通点の例）
	※集気びんでも、キャンプの火でも同じことが言えるのではないかという共通点をについて記述している。
	「ろうそくもわりばしも、火をつけると酸素が減り二酸化炭素が増えるのではないか」（規則性の例）
	※燃焼させると、酸素や二酸化炭素の割合の変化に決まりがあるという、燃焼の規則性を記述している。
関係について考える場面	「ろうそくの火がつけばつくほど、酸素が減って二酸化炭素が増えていくのではないか」
	※「火がついている時間」と「酸素や二酸化炭素の量（割合）」の2つの事象の関係について記述している。

Ⅳ. 第6学年

　まず、①の「要因を考える場面」で推論するということは、自然の事物・現象についての原因を考える（原因を予想する）ということです。理科の授業で言えば、問題づくり（授業の導入で、事象を見せて子どもたちに疑問をもたせ、事象が起きる原因を考える）場面や、考察する（実験結果をもとに、原因を考える）場面で「要因を考える」推論を使用することが多いと思われます。

　次に、②の「共通点や規則性を考える場面」で推論するということは、いくつかの事象（実験結果など）から共通点や規則性を考える（共通点や規則性を予想する）ということです。理科の授業で言えば、複数の実験結果から考え、実験結果とこれまでの自分の経験や、これまでにすでに学習したことと関係付ける場面で「共通点や規則性を考える」推論を使用することが多いと思われます。

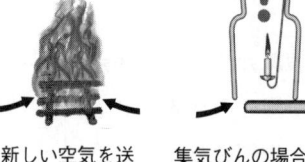

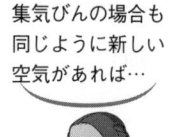

　最後に、③「関係について考える場面」についてです。「関係について考える」場面で推論するということは、2つの事象の間の関係を考える（関係を予想する）ということです。理科の授業で言えば、2つの事

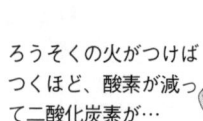

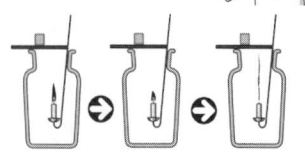

象の関係を調べる実験を行い、実験結果をもとに考察する場面で「関係について考える」推論を使用することが多いと思われます。

　授業では先ほど示したような場面で推論したことを表現（発表や記述）します。そのため「推論」と「言語活動の充実」は、とても関係が深いのです。
　なお第6学年では、「推論」だけを重視するのではなく、「推論」を行う上で、第3学年～第5学年で中心的に育成されてきた問題解決の能力である、「比較（第3学年）」「関係付け（第4学年）」「条件制御（第5学年）」が基盤となっていることを忘れてはいけません。つまり、これまでに学んだ問題解決の能力も利用しながら「推論」をしていきます。

辛甘コラム　本音？　じゃあ、言わせてもらうけど…

どうして「推論」する力が大切なのでしょうか？

　みなさんが何か予想するときには、これまでの経験を思い起こして、「前と同じ経験」や「似たような経験」を探し出して「たぶん○○ではないか？」と考えますよね？「推論」もこれと同じです。理科での「推論」は、子どもたちがこれまでの経験や実験結果を根拠として、「要因」や「規則性」「関係」について考え、説明することに価値があります。これらは、単に「勘」で答えるのでは意味がなく、自分の考えを出すときに、根拠をもつことに意味があるのです。
　根拠をもって「推論」することで、自分の発言に責任がもてたり、説明に説得力が出て、聞いている人が納得したりできるという良さがあります。
　社会に出たら根拠のない「いい加減な」発言や行動はできません。そのため、このような力が大切なのです。

Ⅳ. 第6学年

○ 第6学年「A物質・エネルギー」のポイント

学習指導要領解説理科編（p.54）には、第6学年「A物質・エネルギー」にかかわる目標として、以下のように示されています。やはりここでも「推論」がキーワードになっていますね。

> 本区分では、燃焼，水溶液，てこ及び電気による現象についての要因や規則性を<u>推論しながら調べ</u>，見いだした問題を計画的に追究したりものづくりをしたりする活動を通して，物の性質や規則性についての見方や考え方を養うことが目標である。　（下線は著者）

第6学年のA区分では、4つ単元があり、以下の例のような推論を行って物の性質や規則性についての見方や考え方を養います。なお、推論する場面は以下以外にも、各単元にたくさんあります。自分で、何を推論させるのか、学習指導要領解説（p.56-60）を参照して考えてみましょう。また、前に述べたように、推論に「根拠がある」ことが大切になります。勘にならないように。

単元名	「推論」の例
てこの規則性	てこの力の加わる位置や大きさを変える ⇨**てこの仕組みや働きを推論**⇨てこの規則性をとらえる
	（例）右の3番目に40ｇと左の2番目に60ｇが釣り合ったから、右の4番目に30ｇをつけると、左は3番目に40ｇをつけると釣り合うのではないか。 　　　　　　　　　　　　　　　　　　　　　　**（規則性を推論）**
燃焼の仕組み	燃焼物の変化と空気の変化の観察など ⇨**燃焼の要因を推論**⇨燃焼の要因と仕組みをとらえる
	（例）燃焼前後の空気を石灰水で調べると、燃焼後が白濁したことから、燃焼後の空気は二酸化炭素が増加したのではないか。 　　　　　　　　　　　　　　　　　　　　　　**（要因を推論）**

○ 第6学年「B生命・地球」のポイント

　学習指導要領解説理科編（p.55）には、第6学年「B生命・地球」にかかわる目標として、以下のように示されています。繰り返しますが、ここでも「推論」がキーワードになっています。

> 本区分では，生物の体のつくりと働き，生物と環境，土地のつくりと変化の様子，月と太陽の関係を<u>推論しながら調べ</u>，見いだした問題を計画的に追究する活動を通して，生命を尊重する態度を育てるとともに，生物の体の働き，生物と環境とのかかわり，土地のつくりと変化のきまり，月の位置や特徴についての見方や考え方を養うことが目標である。　（下線は著者）

　第6学年のB区分では、5つ単元があり、以下の例のような推論を行って特徴についての見方や考え方を養います。学習指導要領解説（p.60-67）を参照して考えてみましょう。

単元名	「推論」の例
人の体のつくりと働き	人及び他の動物を観察したり資料を活用したりして ⇨ **呼吸、消化、排出及び循環の働きを推論** ⇨ 人及び動物の体のつくりと働きをとらえるようにする。
	（例）呼気と吸気の気体の濃度変化から、呼吸は酸素を取り入れ二酸化炭素を出してるのではないか。　　　　　　　　　　　　　　　　　　　　　　　**（関係を推論）**
月と太陽	月と太陽を観察する ⇨ **月の位置や形と太陽の位置を推論** ⇨ 月の形の見え方や表面の様子をとらえる。
	（例）太陽の位置が○○で、月の位置が○○なので、月の形は△△のようになるのではないか。　**（関係を推論）**

第5章　各学年の具体的な指導

Ⅳ．第6学年

2 第6学年の実践例
「モデル図で示して説明する」言語活動 ……「燃焼の仕組み」

○ 単元について

　この単元では、物が燃えるときの空気の変化について学習します。具体的には、物が燃える前と後の酸素と二酸化炭素の濃度変化について調べ、物質が質的に変化することを推論しながら、燃焼の仕組みについての見方や考え方を養います。この単元の指導要領解説に書かれた目標をみてみましょう。

> 物を燃やし、物や空気の変化を調べ、燃焼の仕組みについての考えをもつことができるようにする。
> ア　植物体が燃えるときには、空気中の酸素が使われて二酸化炭素ができること。
> 　　　　　　　　　　　　　　　　　　　（小学校学習指導要領解説理科編 p.56）

　学習指導要領の解説をみると、知識としては「植物体が燃えるときには、空気中の酸素が使われて二酸化炭素ができること」が理解できればいいようです。しかし、これまでに述べたように、知識だけではなく「言語力」や「推論する力」が身につくように授業を考えていく必要があります。つまり、**第6学年では「知識」「言語力」「推論する力」**の3つを身につけていくことが重要なのです。そのため、以下で説明する授業例では、言語力を身につけるために「モデル図で示して説明する言語活動」の事例を示します。また、どのように「推論する力」を身につけるかについても具体的に示していきたいと思います。

○ 授業について

　この授業では、密閉した集気びんの中でろうそくを燃やした前後の空気の変化について調べ、その変化について友達と情報共有するために説明を行う授業になります。友達に見えない気体（酸素・二酸化炭素）について説明するためには、見える形にする方法を工夫することが重要になります。ここでは、モデル図を示

して友達に説明する授業を紹介します。

○「モデル図で示して説明する言語活動」を行うには

　この授業では、小学生には難しい実際に目に見えない酸素や二酸化炭素について説明をします。このような目に見えないものについて考えたり、友達に説明したりする時には「モデル図」を使った言語活動が有効になります。

　モデル図は、擬人化したものや、線や○などの記号を使ったモデルなど様々ですが、発達の段階に合わせて使用します。ここでは、「モデルの書き方を学ぶこと」「正しくモデルが書けること」が重要なのではなく、「モデルを使って自分の考え方が説明できること」が重要になります。

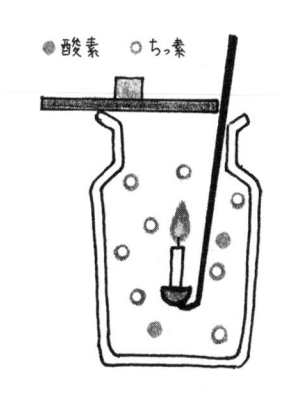

　このようなモデル図を使った授業は、第4学年の「空気と水の性質」でも特に有効です。

○「推論する力」を育成するには

　この授業での「推論」は、実験結果が出た後に考察する場面で行います。実験結果は、酸素と二酸化炭素の割合の変化を示しています。そこから、ろうそくの火が消えた原因について考えていきます。実験前までは、「ろうそくが消える」という事象は観察でわかるが、その原因に関して考えていませんでした。

　そこで、ろうそくが消える前後で変化したもの、つまり、酸素や二酸化炭素の濃度と関係付けて「関係がありそうだ」と推論していきます。

　なお、今回の指導案は、説明する場面（モデル図を使った説明）を言語活動の場面としていますが、推論をさせるために、自分の考えをノートに記述させたり、発表させたりすることを「言語活動の場面」と考えることもできます。

Ⅳ．第6学年

④ 授業展開

（1）本時の目標
　びんの中の酸素と二酸化炭素の濃度変化から、ろうそくが燃えるには酸素の一部が使われ二酸化炭素ができることを理解し、モデル図を使ってその変化について説明することができる。

（2）授業の実際

学　習　活　動	指導上の留意点（★は評価）
○密閉した集気びんの中で火のついたろうそくを入れると、次第に炎が小さくなり、消えてしまう現象をみせて、子どもたちにも実際に自由に体験させる。 　・長い間火がつかないよ。 　・何回も繰り返すと、火がすぐ消えるよ。 　・どうしてずっとついていないのかな。 　・空気が悪くなったんだよ。 　Ｔ：びんの中の空気が変化したのかな？	・火のついたろうそくで、集気びんが熱くなるので注意する。
ろうそくが燃えると、空気はどのように変化していくのでしょうか。	
○特定の気体（酸素・二酸化炭素）の濃度を調べるために、気体検知管を紹介し、使用方法を説明する。（使用方法、目盛りの読み方、留意点）	・酸素は特に発熱するので、やけどに注意する。
○気体検知管を使って、酸素と二酸化炭素の濃度を測定する	・気体検知管を正しく使用できるよう、丁寧に指導する。

○実験結果をまとめる。

	燃やす前	燃やした後
酸素	21.0 %	16.5 %
二酸化炭素	0.03 %	4.0 %

・気体検知管の数値より空気中の酸素がすべて二酸化炭素に変わるわけではないことに着目させる。

推論

○**考察する**

「ろうそくの火を燃やした前後では、酸素が減り、二酸化炭素が増えた。このことから、ろうそくの火が燃えると、酸素が減り、二酸化炭素が増えていくのではないか」

★ろうそくを燃やしたら酸素を使い二酸化炭素が出ることが理解できたか。
（知識・理解）

言語活動

○**説明する**

気体検知管を使った実験結果をもとに「ろうそくが燃えると、空気はどのように変化していくのでしょうか」について、モデル図を使って説明する。

★実験結果をもとに、モデル図を使って自分の考えをまとめ、友達に論理的に説明ができたか。
（思考・表現）

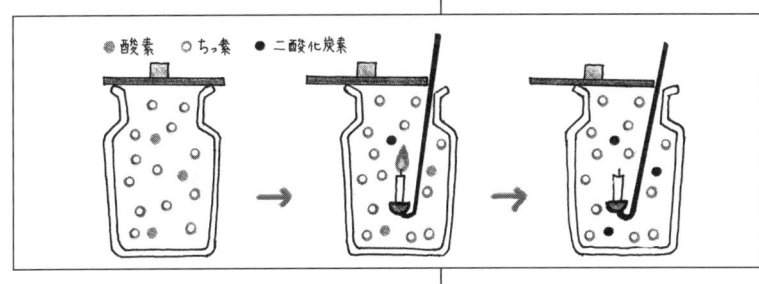

・「ろうそくの火をつける前の空気は、火をつけるとろうそくの火に酸素が使われて、二酸化炭素が出てくる。酸素は全部使われるのではなくて、一部だけ使われます。」

・一部の子どもの発表に終わらせないように、相互発表や、班での発表を組み合わせ、機会を増やす。

第5章 各学年の具体的な指導

………………… **つながり・かかわり・わかりあい** …………………

> 学年が進むにつれて高度な能力を育てることになるんですね。わかっていたつもりでしたが、学習の積み上げの大切さを再認識することができました。
> でも、「条件制御の能力」とか「推論する能力」とか、相当な研究と準備をしないと育てることができないですよね。理科ってやっぱり難しいのかなぁ。

> う〜ん、理科が難しいわけではないと思います。難しく感じたとすれば、それは、先生が理科教育で育てる能力や態度について真剣に考えている証拠だと思います。
> 確かに簡単なことではありません。一人ひとりの能力を育てるためには、それ相応の研究と準備が必要になります。でも…「あわてない・あせらない」。先生も子どもとともに一歩ずつ前進していけばいいのです。

> 理科のポイントについてはよくわかりました。でも、理科で育てる能力と「言語力の育成」や「国語科との関連」がスッキリと結びつかないんです。
> どうしても実験や観察を中心に考えてしまうのですが、どうすれば言語活動を充実させることができますか？

> 先生がちょっとだけ意識すればいいんですよ。そして、ちょっとだけ授業を改善する。それだけで誰でも言語活動を充実した理科授業ができるようになります。次の章ではその「ちょっとだけ」をたっぷり説明していきますね。

第6章
言語力を重視した理科授業

Ⅰ 「話す」「聞く」

1 「話す」「聞く」活動を充実させるために
- 学級の雰囲気＋話しやすい環境作り
- ２人組〜班で伝え合う場面
- 学級全体に向かって伝える場面

2 「話す」活動の充実
- わかりやすく「話す」
- わかりやすく伝える「型」を身につける

3 「聞く」活動の充実
- 正しく「聞き取る」
- 正しく聞き取る「型」を身につける
- ◎ 話すこと・聞くことによる「成功体験」を積み重ねる

Ⅱ 「書く」「読む」

1 「書く」活動の充実
- 「書く」活動の学習効果
- 「書く」活動を充実させるポイント

2 「読む」活動の充実
- 教科書の教材文研究
- 教科書を活用した「読み取り」活動
- 教材を活用した「読み取り」活動

I.「話す」「聞く」

第6章 言語力を重視した理科授業

I 「話す」「聞く」

> 国語科で学んでいる内容と関連させつつ、理科という教科の特性や理科室というの特別な空間にも配慮した「話す」活動と「聞く」活動について、学習環境を整える部分から順に考えていきましょう。

1 「話す」「聞く」活動を充実させるために

　先生の話を聞いたり友達の発表を聞いたりするのは抵抗がないけれど、自分の意見を話すことが苦手という子どもが少なくありません。ここでは、誰もが「1時間に3回以上発言する」理科授業について考えていきましょう。

○学級の雰囲気＋話しやすい環境作り

　自分の考えを「発表」するという活動には勇気がいります。特に、自主的に挙手をして（全体に向かって）話をするという行動は精神的な負担が大きくなります。「間違っていたらどうしよう」「笑われたら嫌だな」「先生の気に入る発表になるかな」「声が小さいって怒られないかな」「顔が赤くなったら恥ずかしいな」など、たくさんのハードルを越えなければなりません。まずは、子どもの気持ちになって、ハードルの数を減らしたり高さを低くしたりする雰囲気づくりに専念しましょう。

　通常の授業は45分間ですから、実験や観察の時間を考えると、多人数の学級全員が一人ずつ発表する時間はありません。しかし、教員の願いとしては「全員が考えを発表する場」も確保したいわけです。どのような工夫をすれば実現できるのか、雰囲気＋環境作りの観点から説明していきます。

　自然の事物・現象と出会う導入の場面や、個別・班別に実験や観察をしている場面を考えてみましょう。子どもは、これまでに持っていた知識や経験だけでは説明できない事象を目の当たりにすると、様々な「つぶやき」を発します。矛盾・

ズレ・驚きが大きいほど、発する声が大きくなるかもしれません。友達同士で不思議さを共感し合う様子も見られるでしょう。

　このときに発している言葉は発表ではありませんが、素直な心の表現ですのでそのまま授業に活かしていくことも可能です。ただし、「つぶやき」だけで授業を展開していると、「言いたい放題＋友達の話は聞かない」状態に陥ることもありますから、教員の的確なコントロールが必要になります。

　一般的には、子どもが落ち着いたところで、『みんなは、今見たこと（実験したこと）をどう考える？』と発問します。中学年ならばすぐに手が挙がるかもしれませんが、高学年になるに従い抵抗を感じる子どもも増えてくることでしょう。軽度な障がいがある子どもにとっては大きな心理的負担になる場合もあります。

　このような発言に対する抵抗や負担を軽減するために、まず、座席（通常の学習環境）を整えます。理科室は通常４人で座ることが多いと思いますので、その座席に合わせて番号をつけ、「自分が何班の何番か」を覚えさせておきます。教室でも同じように班をつくるといいでしょう。

学生のみなさんへ

授業にルールは必要ですか？

　教育実習生の授業を参観していると、すべての「つぶやき」を受け入れようとしてコントロール不能になっていく場面に遭遇します。子どもは先生に話を聞いてもらいたいわけですから、次から次へと好き勝手な発言が続き、授業が崩壊していきます。このような状況が日常的なものになったら、「授業は好きなことだけをしていればいい」という雰囲気が生まれ、授業（学習）が成立しないだけでなく学級も崩壊していくことでしょう。

　授業の主人公は一人ひとりの子どもですが、学びの場のルールに則った振る舞いが前提となります。その積み重ねが、集団の中で生きる「社会性」を身につけさせていくのです。「つぶやき」に対しても、共感的に笑顔で受け取るだけでなく、「授業のルール」を逸脱したものである場合は、的確な支援や指導が必要になることを覚えておきましょう。

　さて、「授業のルール」…あなたはどのように考えますか。

第6章　言語力を重視した理科授業

Ⅰ.「話す」「聞く」

　もちろん、「誰と誰を隣に座らせるか」「誰と誰を同じ班にするか」も重要な要素となります。一人ひとりの実態を十分理解するとともに、最適な座席を考え抜きましょう。くじ引きで決めるという方法もありますが、それが教育的に有効なのか、よく考えてください。

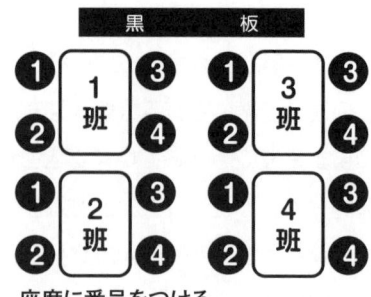

座席に番号をつける

　座席が整ったところで、どのように「話す・聞く」活動を展開していくのか、下記2つの授業場面を例に説明していきます。

○ 2人組で伝え合う場面→班（4名程度）の中で伝え合う場面
○ 学級全体に向かって伝える場面

○ 2人組～班で伝え合う場面

　『最初は1番の人が2番の人、3番の人は4番の人に、自分の考えを伝えましょう。そのとき、なぜそう考えたのか、理由を付け加えることを忘れないようにしましょう。』『2番の人と4番の人は、質問や感想が言えるように、相手の話すことをしっかり聞きましょう。』と指示を出します。話す側と聞く側を替えれば全員が3回ずつ「話す・聞く」ことになります。また、時間にゆとりがあれば、『1番の人から班の友達に自分の意見を発表していきましょう。』という「1対3」の活動も可能になります。

　学級全体に対して発表することが苦手な子どもも、「1対1」、あるいは班の友達（「1対3」）という少人数ならばハードルが低くなります。誰とペアを組ませるか（隣の座席にするか）についても十分な配慮ができているわけ

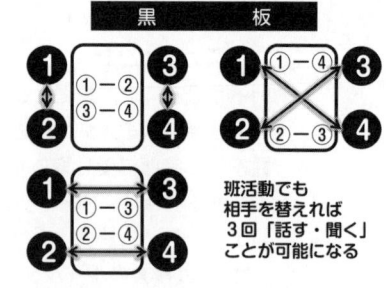

2人組で伝え合う

班活動でも
相手を替えれば
3回「話す・聞く」
ことが可能になる

ですから、ここでつまずくことはないでしょう。

　大切なのは、自分の意見を発表するという経験を積み重ねることなのです。小学校の段階から「相手にわかりやすく話すこと」「質問ができるように聞くこと」を意識的に訓練することで、「伝え合う」能力が育成されるのです。

○ 学級全体に向かって伝える場面

　個人の疑問を全体の問題として意識させる場面、それぞれの実験及び観察結果を全体に広げる場面、そして、一人ひとりの考察を全体の結論としてまとめる場面などでは「１対学級」の発表が重要な意味を持ちます。ただし、やみくもに指名しても対話が深まることはありません。

　「いつ・誰に・何を」発表させるかにも十分な配慮が必要となります。発表前の活動において、机間支援を繰り返しながら、一人ひとりが何を考えているのかを把握しておくのも教員の役割ですし、個人の意見を学級共有の財産として意識させていくためには、的確な情報整理と心配りが必要になるのです。

　個人の疑問を全体の問題として意識させる場面を例にしましょう。

　『どこに疑問を感じたのか、理由を加えて発表してください。』と投げかけます。何人かが挙手をしました。机間支援の際に子どもたちのノートをチェックしていますから、Ａさんから指名するのが最適だろうと判断しました。Ａさんを指名します。Ａさんは全体に意見が伝わるように少し移動します。同時に聞く側の子どもたちは体をＡさんに向けます。Ａさんは全員の目線を確認した上で自分の意見を発表します。

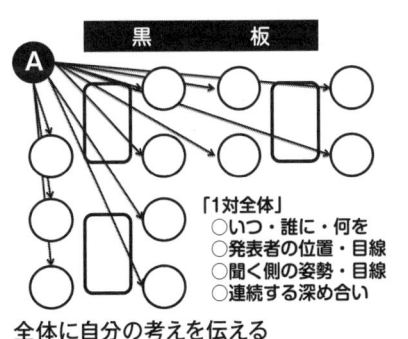

　「○○が、△△になるのが不思議だと思いました。その理由は□□だからです。」と発表しました。この後が教員の出番です。

「１対全体」
○いつ・誰に・何を
○発表者の位置・目線
○聞く側の姿勢・目線
○連続する深め合い

全体に自分の考えを伝える

I.「話す」「聞く」

　悪い例として、『なるほど、Ａさんは〜が不思議に感じたんだね。他の人はどうかな。』と、子どもの意見を教員が都合良くまとめるとともに、そこから深めることなく次の発表を求める展開があります。これではいつまでたっても学級の問題は集約されませんし、教員が子どもの発表をまとめているようでは「聞く力」が育ちません。

　この場合は、『Ａさんと同じ疑問を持った人、手を挙げてみてください。〇人いますね。では、Ｂさんにも発表してもらおうかな。』と、聞く側を参加させるとともに、他の子どもに再度発表させるのが効果的です。一度では聞き取ることが難しい子どもに対しても自然な支援になる場合があります。

　その後に、『ＡさんやＢさんたちの疑問について、何か質問したい人はいるかな。』あるいは、『ＡさんやＢさんとは違う疑問を感じた人に発表してもらいましょう。』と展開していくことで、学級全体の問題や結論をまとめていくことが可能になります。

辛甘コラム

本音？じゃあ、言わせてもらうけど…

「子どもが発表してくれないのですが、何が原因なんでしょう？」

　担任であれ、理科専科であれ、先生のことが嫌いであれば、子どもは発表する気にはならないでしょう。また、学級にお互いを尊重する場ができていなければ、静かにしていた方が得だと考えてしまうでしょう。

　大切なのは、一人ひとりの子どもと信頼関係を築くこと、子ども同士の信頼関係を築くことです。つまり、他者を思いやる心に満ちた学級を組織していくのが最優先なのです。発表を競うのではなく、伝え合い・わかりあうために聞き合う雰囲気を作る必要があります。

　また、ある程度の信頼関係ができていたとしても、考える時間を十分に確保せずに無理やり指名したり、挙手する子どもが出てくるまで（鬼の形相で）黙って待っていたりするのは、「拷問」「尋問」になります。子どもが発表しないのは、100％先生の責任だと自覚しましょう。

2 「話す」活動の充実

　理科で目指しているのは、「理由」「根拠」「証拠」などを取り入れた話し方です。一人ひとりの性格や資質に配慮しながら、「楽しく・しっかり・正しく話す」ことができる能力を身につけさせましょう。

○ わかりやすく「話す」

　「話す」活動を充実させるためには、子どもが「お話しすることが大好き」「自分の話を聞いてもらいたい」という発言の欲求を持っていることが前提になります。休み時間や給食の時間ならば自由気ままに発言する子どもも、授業になると緊張が高まるのか、「話したい」「発表したい」という気持ちになるまでには、やはりハードルを乗り越えなければならない場合があるようです。

　教室（座席）の環境を整えたり、お互いの信頼関係を築いたりすることでハードルを低くすることができます。先に述べた「ペア発表＝１対１」や「班内発表＝１対３」という少人数での伝え合いを通して、「自分の考えを話す」ことにも抵抗が少なくなっていくでしょう。

　しかし、それだけでは未来を生きるための言語力としては不十分なのです。座席が替われば・班が替われば・学級編成があれば・中学へ進学すれば・社会に出れば……様々な人々・初めて出会う人々とコミュニケーションを繰り広げながら生きていかなければならないのです。

　では、どうすれば「話す」ことに自信を持つことができるようになるでしょうか。ポイントは下記の２点です。

> ○わかりやすく伝える「型」を身につけること
> ○話すことによる「成功体験」を積み重ねること

○ わかりやすく伝える「型」を身につける

　「話す」ことに関する基礎基本的な知識や技能は国語科で学んでいます。ただし、

I.「話す」「聞く」

「国語科で学んだ」＝「身につけた」というのは性急でしょう。子どもによっては、「授業を受けた（ような気がする）」というレベルかも知れません。大切なのは、「国語科でも理科でも話す力を育成する」という心構えです。「国語科の授業内容を理科に活用する」だけでなく、「理科の表現形式を国語科に活用する」という観点も持てるように意識を変えていきましょう。

　理科授業の特性を活かしながら子どもの「話す力」を育成するためには、実験観察に関わる自分の考えを「わかりやすく伝える」ことを中心に据えます。その際、常に「聞く側」を意識させることを忘れてはいけません。一方的な発言ではなく、相手にわかってもらうことを第一に考えさせます。

　国語科で学んでいる内容と関連させながら、「理科における上手な話し型」を提示して「型が身につくまで」根気強く支援を続けていきましょう。

3年の話し型：予想
わたしは、
〜は〜になると思います。
そう考えた理由は、
〜だからです。

4年の話し型：考察
私は、この結果から
〜のことがいえると思います。
なぜなら、
〜が〜になっているからです。

5年の話し型：仮説
ぼくは、〜になると考えます。
もし、〜が〜になったら
〜と同じように
〜のことが言えると思います。

6年の話し型：まとめ
ぼくは、〜を調べるために、
〜を使って
〜の実験をすることにしました。
この実験を考えたのは、
〜の結果が出れば
〜のことが証明できると思ったからです。
もし、〜の結果になったら、
〜を見直せばいいと考えました。

実験の結果は、
〜の表（図）のようになりました。
この結果から、
〜は〜であることが
証明できたと思います。
ただし、〜の条件を変えると
結果が変わるかも知れないので、
次は〜を〜に変えて
実験したいと思います。

3 「聞く」活動の充実

相手の話の中から、「何が大切なのか」を見極めるとともに、それを忘れないように記憶（あるいはメモ）しておくこと…簡単そうで難しいのが「正しく聞き取る」という活動です。

また、「聞く」だけでなく、聞いた後に「質問」することで「お互いの理解を深め合ったり」「相手との会話を弾ませたり」する活動に発展します。ここでは、その基本となる「聞く」活動の充実について考えていきましょう。

○ 正しく「聞き取る」

学校教育で目指している「話す」言語活動は独り言では成立しません。「聞く側」の存在が必要不可欠です。聞く側を意識して話すからこそ、学習活動として「話すこと」が意味を持つのです。ただし、聞く側もいろいろな技能を身につけなければなりません。注意（意識）して聞かないと、話す側の発言が単なる「音」として通り過ぎてしまうのです。

実は、「聞く」という技能は、そう簡単に身につくものではないのです。なぜならば、「人間はたくさんのことを覚えることができない」からです。次から次へと音声情報が流れてきたとしても、そのすべてを記憶することは不可能なのです。では、どうすれば「聞く」ことに自信を持つことができるようになるでしょうか。ポイントは下記の2点です。

○正しく聞き取る「型」を身につけること
○聞くことによる「成功体験」を積み重ねること

○ 正しく聞き取る「型」を身につける

「聞く」ことに関する基礎基本的な知識や技能も国語科で学んでいます。理科においてもその能力や態度を育成できるように心がけましょう。

理科では、「課題－予想－実験観察－結果－考察－まとめ」という学習の流れ

がありますから、話す側の内容もそのいずれかの段階にあるはずです。例えば、予想を話す人がいる場合は、「なぜそう思ったのか」という「理由」を聞き取ることが必要になりますし、まとめを話す人がいる場合は、「大切な項目を落とさずに」聞き取る必要が生じます。

話す側に「…なぜそう思ったのか、理由を忘れずに…」という指導を加えるのと同様に、聞く側にも「…理由を正しく聞き取りましょう」などの声かけが有効になります。それぞれの場面に即して「聞き取りカード」を用意しておくと、自主的に聞く構えができるようになります。

```
～理科 聞き取りカード～
 「実験のまとめを聞くときは」

誰が（いつ・どこで）
何を調べるために
どんな考えで
どんな実験をしたのか
その結果はどうなって
どんなことがわかったのか
------------------------
○自分の考えと比べながら…
○質問したいことを考えながら…
笑顔でうなずきながら聞く心
```

```
～理科 聞き取りメモ～
 「実験のまとめを聞きながら」

誰が（いつ・どこで）

何を調べるために

どんな考えで

どんな実験をしたのか

その結果はどうなって

どんなことがわかったのか

○自分の考えと比べると…

○質問したいことは…
```

しかし、聞き取っても忘れてしまっては意味がありません。また、自分の考えと比較しながら聞かなければ「話し合う（わかりあう）観点」が見えてきません。

そこで重要になるのが「メモをとる」という活動になります。メモをとること（そのもの）が理科の目標ではありませんが、生きる力としてはとても大切なものになりますから、子どもの想いを大切にしながら必要な部分を導入するといいでしょう。

例えば「私は質問することを忘れちゃうから、そこだけメモしておこう」「ぼくは書くことが苦手だからわかったことだけしっかりメモする」など、自分の「聞き取り能力」を高めるために活用することがポイントになります。

ここでは「聞く」ことを中心に述べてき

ましたが、「聞く力」を育てるためのカードやメモなどの支援教材は、そのまま「話す力」の育成に活用できます。というよりも、「話す側」が意識して話をしてくれないと、「聞く側」の言語力も高まらないのです。正に「表裏一体」の関係にあるといえます。指導する教員の力量が向上すれば、「一挙両得」「一石二鳥」「1粒で2度おいしい」支援が可能になるのです。

◎ 話すこと・聞くことによる「成功体験」を積み重ねる

さて、「話すこと」にも「聞くこと」にもポイントとして挙げていたのが、「成功体験を積み重ねる」ということでした。実は、子どもにとっては、これが一番大切なことかもしれません。「話してよかった！」「聞いてよかった！」という体験こそ、次へとつながる貴重な財産になるのです。

○話すときも「笑顔」で。聞くときも「笑顔で」。
○棘棘（トゲトゲ）言葉は使いません。温良言葉を使います。

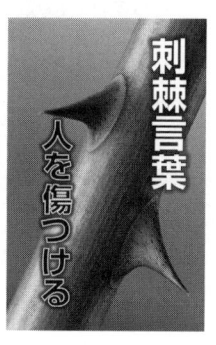

温良言葉　あたたかく　みんなにやさしい
わかりあうために・みがきあうために

刺棘言葉　人を傷つける

まずは、これだけで十分です。友達の意見に異論があったとしても、笑顔で伝えることが「わかりあう」最低条件であることを強く強く意識してください。笑顔でゆっくり話すと「言い争い」は決して起きないことを実感させましょう。言葉による意見の伝え合いは、優劣を決めたり競争をすることではなく、お互いを「わかりあう」ための（人間だけが持つ）能力であることを体得・納得させるのが教員の使命です。（私は勝敗を決めるような討論形式の話し合いは大嫌いです！）

聞く側から考えれば、「友達のお話しを聞くのが大好き」「自分の考えが深まるから、たくさんの友達の意見を聞きたい」という聴取の構えがきっかけになりま

Ⅰ.「話す」「聞く」

す。そして、「友達に気持ちよく話してもらうために」という観点から、「聞く態度・聞く側の姿勢」について考えさせていくのです。

「笑顔で聞いてくれると嬉しい」「うなずきながら聞いてもらうと話していてうきうきしてくる」「すごい！とか、なるほど！と言ってもらうと調子に乗れる」「聞かせてくれてありがとうって言われると照れちゃう」などの実体験を通して「だったら私もそのように聞かなくちゃ」と思うようになれば、あとは積み重ねです。

笑顔を忘れずに・うなずいたり相づちを打ったりしながら、メモを見て話したりメモを書きながら聞いたり…と、「話す」「聞く」活動はなかなか忙しいのです。でも、子どもは素直です。「先生が大切にしていること」に純粋な心で応えてくれます。教員がいつも「笑顔」で話したり聞いたりする姿を見て子どもたちは学びます。ときには厳しく個別指導をするときもあるでしょうが、最後は「笑顔」で励ます…。そのような教員の姿勢が子どもの未来を拓く言語力を育てるのです。

> えがおできぎます
> うなずきながらききます
> ときどき「あいづち」をうちます
>
> メモをとろう
> ・すごい！なるほど！
> ・なぜ？どうして？
> ・たいせつなこと
> ・わすれてしまいそうなこと
> ・しつもんしたいこと

子どもと創る約束カード

辛甘コラム　本音？じゃあ、言わせてもらうけど…

「子どもに上手な話し方を身につけさせるコツはありますか？」

　もちろんありますよ。最も効果が高いのは「お話の上手な先生が学級担任になること」です。子どもは毎日（5〜7時間以上も！）担任の先生といっしょにいるわけですから、その影響は絶大です。
　子どもに身につけさせたい話し方があるなら、先生が常に模範を示せばいいのです。だって、子どもは（必ず）大好きな先生の真似をしますから…。実に明快な理論でしょ？　あっ、この理論だと嫌われている先生は……。

Ⅱ 「書く」「読む」

> 理科の授業において、「書く」「読む」活動を充実させていくためには、教員の意識改革が必要になります。実験観察を柱にしながらも、それぞれの活動を充実させる授業方法について考えていきましょう。

1 「書く」活動の充実

「書く」(「読む」)活動を成立させるためには、「文字」という記号及びその並びが持つ「意味」を理解していることが前提となります。

これが抵抗となり、子どもにとっては「苦手」「嫌い」「面倒」なものとして意識されることが多いのです。ここでは、この抵抗感を払拭しながら「書く」活動を充実させていく理科授業について考えていきましょう。

文字を書く・文字を読む

○「書く」活動の学習効果

教員の指導力は「子どものノート」を見ればわかります。授業の流れを振り返ることができるとともに、子どもの「想いの変容」がわかる…そんなノートを目標に、理科授業における「書く」活動について考えていきましょう。

中学年の子どもは、文字を書くのにも相当な時間がかかりますが、高学年になれば、他の活動をしながらノートをまとめていくこともできるようになります。もちろん、自然にできるようになるのではなく、教員が段階に応じてきめ細やかな支援を繰り返すことによって「書く力」を育てていくのです。では、どのような活動をすれば「書く力」が身についていくのか、順を追って説明していきます。

Ⅱ.「書く」「読む」

　まずは、「書く」という活動の学習効果について考えてみましょう。理科に限らず、小学校段階における「思ったこと・考えたこと・気がついたこと」などを書く活動には、次のような効果が考えられます。

> ○自分の考えを「書くこと」によって頭の中のイメージが整理できる。
> ○書いた考えを「黙読すること」によって自分の思考を確認できる。
> ○書いた考えを「音読すること」によって他人に伝えることができる。
> ○書いた考えを「見直すこと」によって自分の思考の変容を認識できる。

　そして、理科で重視する「実験や観察の結果を表やグラフで表現する」活動では、次のような効果が考えられます。いずれも、科学的な見方や考え方を育てるためには重要な活動です。

> ○「表」によって「結果の整理法」を学ぶことができる。
> ○「表」によって「結果をまとめる価値」を認識することできる。
> ○「グラフ」によって「結果の表現法」を学ぶことができる。
> ○「グラフ」によって「傾向としての見方」を学ぶことができる。

　日常生活において、自主的に「表やグラフ」を取り入れた文章を作成する機会は（教員でも）多くないと思います。しかし、目にする機会は少なくないでしょう。注意しないと表やグラフの情報量に圧倒されてしまったり、場合によっては「だまされてしまう」こともあります。だからこそ、理科の授業にも柱の活動のひとつとして位置づけているのです。

　表やグラフで表現する方法を学ぶということは、それらを「読み取る力」も育てることにつながるのです。結果を他者に伝える方法として効果的な「表やグラフ」の作り方を学ぶとともに、「結果を誇張しない正直な表現法」を身につけていくことも大切な要素です。

> **辛甘コラム**　本音？じゃあ、言わせてもらうけど…

「表やグラフをかかせようとすると時間がかかってたいへんなんですが？」

確かにその通りだと思います。でも、先生が工夫することで効率よく進めることができるのではないでしょうか。子どもが慣れるまでは「必要な罫線だけを引いた表用紙」を活用したり、「学年に合わせたマス目のグラフ用紙」を配布したり…。できることはたくさんあると思いますよ。

表やグラフの作成は相当の技能が必要になります。だからこそ、慣れることから始めたいのです。まずは、「ゼロから作るより慣れろ！」です。「できることの喜び」を重視した学習活動を工夫しましょう。

> **共生・共育**

みんなでできる・みんなでわかる

◆◆「わかりあいカード」の活用◆◆

理科の活動を進めているときに、子どもによっては「思い描いていた通りにできない」ことが原因で「混乱」する場合があります。場にそぐわない行動をしてしまうこともありますが、その行動は（子どもが）「困っている」「助けてほしい」というサインなのです。

子どもが何に困っているのかを把握するとともに、その原因を取り除いていく方法を「子どもといっしょに」考えていくことが大切です。ただし、「あわてず・あせらず・あきらめず」の教育観を忘れずに…。

まずは、「教員や友達に援助を求める方法」を指導しておくことが有効です。「援助を求める言葉」が自然に使えるようになるまでは、右のようなカードの活用も効果的です。

~わかりあいカード~
「こまったときには ゆびさしておしえてね」
□ もういちど おはなししてください
□ やりかたを おしえてください
□ いっしょに やってください
□ すこし てつだってください
□ せんせいに きいてきます

□ ありがとう　　□ ごめんなさい

Ⅱ.「書く」「読む」

○「書く」活動を充実させるポイント

　次に、「書く」という活動を充実させるポイントについて考えていきましょう。理科の授業において、特に力点を置きたいのが「ノート指導」です。1年間に1冊終わらない（使い切らない）ようでは、教員の指導力不足を露呈するようなものです。下記に示す3つの項目を意識して、「ノートに書く」活動を充実させていきましょう。

○書くことが楽しくなる場の構成
○書かせたいことの絞り込み
○的確な指示

書くことが楽しくなる場の構成

　子どもが「書いてみたい・書いておきたい」と考えるようになるには相当の時間がかかります。まずは、「書いてよかった」という喜びを感じさせることが大切です。

　そのために重要になるのが「教員の朱書き」です。注目した文に下線を引き、そこに、「なるほど！」「どうして？」「すごい！」「ほんと？」「よく考えたね！」など一言でもいいですから、「書かせたら必ず評価をする」習慣を身につけてください。

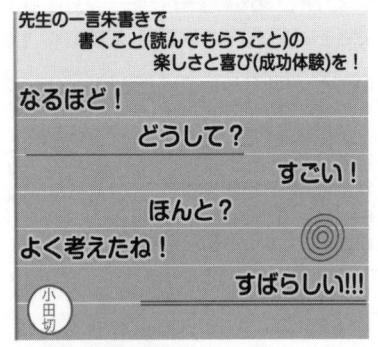

一言朱書きの例

　子どもは、先生の朱書きを読み、自分が書いた文を読み直しますから、必然的に「復習」も可能になるのです。もちろん、学習シールや励ましのスタンプを併用してもいいですが、基本は心を込めた「直筆」です。

　これによって、子どもには「ノートを書けば、先生が読んでくれる・褒めてく

れる・認めてくれるから嬉しい！」「今日も書きたい！」という意欲に結びつく心が育成されるのです。

書かせたいことの絞り込み

　月日などの情報を書くことは基本ですが、板書の情報をすべて「書き写す」ことに意味はありません。また、必要以上に線引きや色鉛筆を使わせるのは時間の無駄です。大切なのは、「自分の考えを文章化する力の育成」であることを忘れないようにしましょう。

　まずは、ある程度の授業プラン（指導案）ができた段階で、「この時間にこれだけは書かせておきたい」という教員の願いを書き出してみましょう。

　すると、ほとんどの場合、「本時の主発問に対する子どもの考え」と一致するはずです。

　このように考えると、通常の授業においては、「主発問」と、それに対する「考え（予想など）」を書かせておけば「読み直して活用可能なノート」になることがわかります。

　実験や観察の結果などをノートに書かせたい場合は、まず教員が、理想的な表やグラフを書いてみましょう。そして、それに要する時間及び子どもが使用しているノートの形状などに考慮して、「どこまで子どもに書かせるか」を判断してください。表やグラフの作成については、算数や社会でも学ぶことができますから、実験や観察の時間を十分確保したい場合には、表の枠組みを作成したワークシートやグラフ用紙等を配布するといいでしょう。

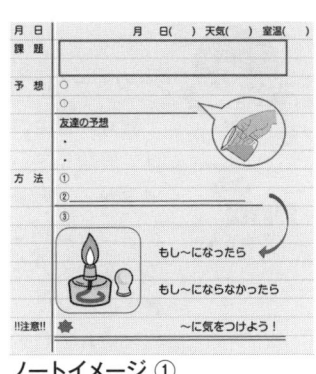

ノートイメージ ①

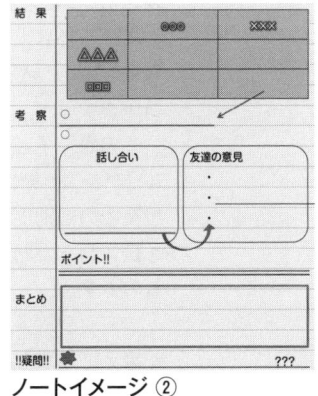

ノートイメージ ②

Ⅱ．「書く」「読む」

的確な指示

　『何でもいいので気がついたことを書きましょう。』という指示では、子どもは何も書くことができません。それは、「何が問われているのか」が意識されていないからなのです。具体的でわかりやすい指示（発問）をするように心がけましょう。

　例えば、『○○と△△を比べて、違っていると思ったことを、3つ書いてみましょう。書く時間は、1分です。』と、ゆっくり・はっきりと指示されれば、これまでの経験が想起され、頭に浮かんだイメージを言語化できるのです。「3つ」「1分」というように「書く量」や「制限時間」を示すことも、子どもの思考を活性化させるのには有効な手段です。

学生のみなさんへ

ワークシートについて考えてみましょう。

　教育実習生の授業では、理科ノートを使わずに「ワークシート」だけで展開しているものがほとんどです。指導案の展開通りに作るわけですから、実習生にとっては最適なものになるでしょうが、子どもにとっても最適なものといえるでしょうか。確かに、書くことに慣れていない子どもや個別に支援が必要な子どもを対象とするときには、書き込み型ワークシートの活用が有効な場合があります。しかし、それに慣れてしまうと、子どもにノートを作る力は育ちません。

　ワークシートは（一般的には）、「学習問題（課題）」「予想と理由」「実験方法」「結果」「考察」「まとめ」を書く欄を罫線枠で区切り、必要な単語を書き入れたり文章を書き込んだりすることで、その学年に応じた学習の「型」＝「ノートの作り方（お手本）」を学ぶ段階に位置づけます。

　その際、子どもの書き込みを認め・励ますことを目的とした「シール（ハンコ）枠」を用意するとワークシートの活用効果が向上します。授業中の個別支援に活用するだけでなく、子ども同士が「自分の考えを伝え合った記録」として、相互にシールを貼る活動なども可能になるのです。

　ワークシートの「メリット」と「デメリット」について、今一度よく考えてみましょう。

> 本音？じゃあ、言わせてもらうけど…

辛甘コラム

「一人ひとりのノートに朱書きをするのが大変なんですが……」

　授業が始まる前に、子どもがノートを開いて前時の活動を見直している…なかなか実現できることではありません。でも、先生からの「素敵な朱書き」があれば、そんな場面を実現できるのです。先生からの朱書きは、子どもにとっては魅力的なプレゼントなのです。

『自分の考えがしっかり書かれていて、とてもりっぱだと思いました。次の授業もがんばろうね！』

　上のような朱書きでは、「先生が書いてくれた朱書きは楽しみに読むけど、自分の書いた部分は読み直さない」ことが多いのです。では。どんな朱書きをすれば子どもがノートを見直す活動につながるのでしょうか。

　そのひとつの方策が「一言疑問文」と「一言感嘆文」なのです。

○一言疑問文：どうして？・ほんと？・なぜ？・どうやって？・なにを？
○一言感嘆文：なるほど！・すごい！・さすが！・りっぱ・大発見！

　この一言を、子どもが書いた文の途中に朱書きするのです。子どもにとっては、「なぜ？」と朱で書かれたらすっきりしない心地になります。すると、「先生は、僕の書いた文のどこに「なぜ？」と感じたのだろう？」と、その前後を読み直すわけです。「なるほど、ここか！」と気がつけば、「今度からはもう少し詳しく書くようにしようかな」と考えてくれるかもしれませんし、「先生、僕が書いたあの文は、こういう意味なんだよ！」と説明をしてくれるかもしれません。感嘆文の場合も「先生はどこが『すごい！』と思ったのかな？」と、読み直す活動を促すことにつながります。

　子どもが、自分の書いた文を読み直し、より良い書き方を考えるという活動が展開されれば、それは『読む』＋『書く』活動の充実になりますよね。それと、（あまり大きな声では言えませんが）一言だけの朱書きですから「時間の短縮」にもつながるのです。

第6章　言語力を重視した理科授業

Ⅱ.「書く」「読む」

❷「読む」活動の充実

「読む」活動は、意識しなければ位置づけることができません。ここでは、「教科書」の効果的な活用を柱として考えていくことにします。

○ 教科書の教材文研究

理科の授業において、「読む」という活動をどの程度組み込んでいるでしょうか。「話す」「聞く」「書く」活動と比較した場合、その割合はかなり低いものになると推察されます。

しかし、教科書を活用しながら授業を展開していくことを想定すると、書かれている内容を「正しく読み取る」ことが学習活動の前提になります。例えば、学校図書６年「９電気の利用」の導入部分は次の文章で構成されています。

> わたしたちの使っている電気は、発電所でつくられています。水力発電所では、水が高いところから低いところへ流れる力を利用して、発電機につながっているタービン（羽根車）を回し電気をつくっています。
> また、火力発電所ではものを燃やして熱を発生させ、原子力発電所では原子力の力で熱を発生させ、その熱で高温・高圧の水蒸気をつくり、発電機につながっているタービンを回して電気をつくっています。
>
> このようにしてつくられた電気は、電線を通して、わたしたちの学校や家庭、工場などに送られています。
> そして、わたしたちの身のまわりには、電気を利用した道具や機械がいたるところにあります。わたしたちは、それらをコンセントにつなぐことによって利用しています。
>
> 品川火力発電所（東京都品川区）

これを国語科の教材文と考えてみましょう。まず、単語の意味を調べなければなりません。「発電機」「タービン」「原子力の力」「高温・高圧の水蒸気」など、正しく理解する必要があるでしょう。その次の段階として、要点をまとめたり、段落の構成を考えたりするでしょうか。

さて、理科の授業においては（導入の段階で）どこまで「正しく読み取る」こ

とが必要でしょうか。私の場合は、教材研究ノートに「全文を視写」しながら授業展開をイメージすることにしています。

※下線は筆者

教科書本文	思いついたこと
わたしたちの使っている電気は、発電所でつくられています。水力発電所では、水が高いところから低いところへ流れる力を利用して、発電機につながっているタービン（羽根車）を回し電気を作っています。 　また、火力発電所ではものを燃やして熱を発生させ、原子力発電所では原子力の力で熱を発生させ、その熱で高温・高圧の水蒸気をつくり、発電機につながっているタービンを回して電気を作っています。 　このようにしてつくられた電気は、電線を通して、わたしたちの学校や家庭、工場などに送られています。 　そして、わたしたちの身のまわりには、電気を利用した道具や機械がいたるところにあります。わたしたちは、それらをコンセントにつなぐことによって利用しています。	〇「電気はどのようにして作られているのか」を問いかけ、班での「伝え合い」活動後に教科書を読み進める。 ・教科書の（ダムの）写真を活用する 　※４年次の社会科見学との関連 ・自作の水力発電機を使用して、発電の様子を観察させ興味をもたせる。 ・水の沸騰実験を想起させる。 ・原子力についてはエネルギーが発生する仕組みについてのみ説明する。 ・発電機については「手回し発電機」を活用する段階で実感を伴った理解を目指す。（ここでは詳しい説明しない） ・ＤＶＤを視聴する。（エネルギー環境教育支援教材DVD「ようこそ！エネルギー図書館へ」） 〇「身のまわりにある電気を利用した道具や機械がいたるところに…」を本時の学習課題となる「電気製品のなかま分け」につなげていく。

　第３章のⅢと同様に、「思いついたこと」を書き出していきます。そして、いろいろな可能性を検討した後に、国語辞典で調べさせるのか、絵や図とセットで理解させるのか、実物を提示するのか、あるいは、単元が進むまで疑問のままにしておくのかなど、「理科の教材文」として「読む活動」を位置づけていきます。

II.「書く」「読む」

○ **教科書を活用した「読み取り」活動**

例えば、『意味がわからない言葉（単語）は青鉛筆で下線を引きましょう』『これまでの理科の授業と関係がありそうな部分は赤鉛筆で下線を引きましょう』という問いかけだけでも「読む」活動を充実させることができます。

下線を引き終わったら、班で「青線を引いた部分」から「伝え合い」を開始すれば「話す・聞く」活動に展開することも可能になります。もちろん、子どもだけでは解決できない疑問点を予測して、教員の出番＋教材教具を準備しておきます。

また、「読ませたつもり・読んだつもり」では「正しく読み取る力」を意識することはできませんので、ときには「穴埋め式ミニテスト」や「一問一答チェックシート」を利用するのも効果的です。

さて、ここまで「教科書を」導入時から活用していく授業の展開法を説明してきましたが、場合によっては「教科書を見せたくない（自由な発想で考えさせたい）」ときもあるでしょう。そのような場合は、子どもたちの考えが（ある程度）まとまった段階で、教科書を読み取る活動を位置づけましょう。

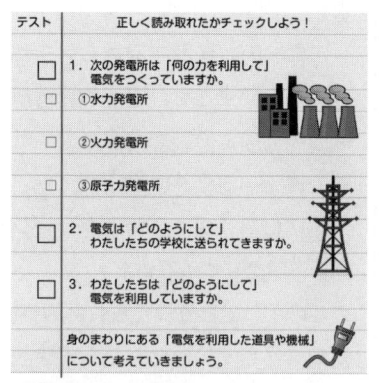

読み取りチェックシート

一例として、自分たちの考えた「課題－予想－実験方法」までを「教科書の内容と比較する」場面の発問を考えてみます。

『教科書から３つのことを読み取ってください。１つ目は、「教科書では何を課題としているか」、２つ目は、その課題を解決するために「どんな予想を立てているか」、３つ目は、その予想を確かめるために「どのような実験方法で調べようとしているか」です。今から５分間時間をとります。どうぞ。』

『３分間時間をとるので教科書を読んでみましょう。』という発問では、「読んだつもり」で終わってしまいます。「正しく読み取る力」を育てるためにも、「的

確な指示」が必要となります。教科書に「線を引いたり」「付せんを貼ったり」する技能が身についていれば学習効果も向上します。

「発展マーク」のついた読み物や資料を読むときには（子ども一人ひとりの実態に即した形で）、「これまでの学習」と関連させたり、「これからやってみたい自由研究」を意識させたりしながら、個人のペースで読み取る時間を保障しましょう。

この「発展」に関しては、学習指導要領を超えた内容を扱っている場合がほとんどです。しかし、子どもの興味や関心をかき立てる読み物であったり、さらなる学習意欲を喚起する内容であったりしますので、ぜひ授業に位置づけてください。

> **NOTE**
> **発展マーク**
>
> 現在活用されている教科書では、学習指導要領に示されていない内容も「発展的な内容や資料」としての掲載が可能となりました。これらの内容に関するものは（教科書では）「発展」の文字や特徴的な「マーク」がついています。「発展」の教材の選定にあたっては、子どもの好奇心や探究心を高め、教科書本文の理解を深めるとともに、科学的な見方や考え方を育てるものが厳選されています。

また、自分の見方や考え方と比較しながら読んだり、要点をまとめたり、「感想」を書いたりすることが可能な「読み物」もあります。

どの読み物を・いつ・どのように読ませるのか、教材研究を怠ることなく、最適な位置づけで「理科の教材文」として活用するとともに、国語科で学んでいる内容と関連させながら、複合的な読み取り活動が構成できるようになるといいですね。

Ⅱ.「書く」「読む」

○ **教材を活用した「読み取り」活動**

　身の回りにある様々な品物には、「使用上の注意」「安全上の注意」などが印刷されていたり文書として添付されていたりします。この「注意書き」を正しく読み取る能力こそ、本当に必要な生きる力になるでしょう。

　なぜならば、医薬品は元より、食品・飲料から家電・日用品・ヘルスケア・雑貨にいたるまで、その摂取法や飲食・使用法を間違えると「命に関わるような危険」を伴うことがあるからです。

　特に、理科で扱う物品（教材・教具・薬品）には注意を要する物が少なくありません。だからこそ、使用上の注意を「正しく読み取る」「わからない部分は調べる」「調べてもわからない場合は製造元に問い合わせる」「心配な点が残る場合は使用しない」などを学ばせていきたいのです。

　乾電池の注意点を例にしてみましょう。乾電池の側面には、次のような項目が記載されています。（電池の種類によって異なる場合があります）

水銀 0 使用

危険　○アルカリ液付着の注意（※アルカリ乾電池の場合）

警告　○ショート（電池の（＋）極と（－）極の短絡）をさせない
　　　　○（＋）（－）逆接続をしない
　　　　○飲み込み防止　○火中投入、加熱、改造をしない
　　　　○充電をしない　○過放電をしない　○混用をしない
　　　　○衝撃・振動・分解・加圧などの注意

注意　○機器への密封組み込み時の注意
　　　　○ハンダ付けをしない
　　　　○高温・高湿・特異環境下の注意
　　　　○誤使用の注意　　○廃棄の注意

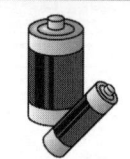

　3年生ならば、身近にある・いつも使っている乾電池にも「たくさんの注意点」があることに気がつかせるとともに、ひとつずつ「読み聞かせ」ながらその内容

を簡単に説明していきます。

4年生ならば、「危険」「警告」「注意」の単語について調べさせるとともに、その並び（重み）について考えさせます。次に、いくつかの注意事項をノートに写して「その意味」を読み取らせる活動を取り入れていきます。

5年生ならば、それぞれの注意事項に対して「なぜ守らなければならないのか」、その理由も（既習事項と関連させながら）考えさせてみます。

6年生ならば、「水銀0使用」という（不可思議な）表示についても調べさせるとともに、「科学技術の進歩と人々の生活」をテーマに（批判的な見方や考え方も含めた）伝え合い活動を位置づけたいと思います。

使用上の注意は「正しく読み取る」ことが重要ですから、その方法（読み取り方）を指導することが柱になります。ただし、「必ず目を通す」「わからないままにしない」という態度（生活習慣）と能力を育むことが上位の目標として設定されていることを忘れないようにしましょう。

辛甘コラム　本音？じゃあ、言わせてもらうけど…

「理科の教科書もしっかり読まなければダメですか？」

何度も言いますが、「あたり前田のクラッカー」です。理科の教科書は、総合的な言語活動に位置づく「レポートの作成」を重視して構成されています。その記述から「型」を学び、最終的には自分の力でまとめることができることを目指しているのです。先生がそれを意識して活用しなければ、ただの印刷物になってしまいます。（税金の無駄遣いです！）

また、国語科と関連づけながら「説明文」を深く学ぶことも可能になります。しっかり教材研究すれば、国語科よりも有効な「説明文教材」を見つけ出すこともできるでしょう。ひとつの単元でかまいませんから、理科の教科書を「全文視写」してみてください。必ずや新しい発見があるでしょう!!

・・・・・・・・・・・・・・・・ つながり・かかわり・わかりあい ・・・・・・・・・・・・・・・・

> 言語力を重視した理科…。しっかりやりたいと思っています。でも、クラスに支援が必要な子どもが3人いて…。怒っちゃダメだとわかっているんですが、授業を妨げることばかりするので、ついつい怒鳴ってしまうんです。

> 僕も僕なりにがんばっているつもりですが、子どもが指示を聞いてくれなくて…。話し合いもできないし、ノートも汚いし、実験も遊びみたいになっちゃうし…。毎日毎日叱ることばかりで、このまま先生を続けていいのか、本当に悩む毎日なんです。

> 悩む先生は成長します。でも、そのままでは辛いですよね。そんなときこそ（今まで以上に）子どもに寄り添う！できないのではなく、まだ学んでいないという考え方で子どもと向き合えば、子どもを叱ることは激減します。子どもは「できた」「やれた」「わかった」の積み重ねで育つのです。大切なのは、あきらめずに「認め」「励まし」「褒め続ける」先生の教育観（人間性）です。子どもの笑顔を見るために、教育愛をたっぷりと注ぎましょう。
> 最後の章では、ある面ドライに、「スキル」をキーワードとしながら理科授業の進め方を説明していきます。ドライといいながら、実は愛情たっぷりなんですけどね。
> 熟読したら、だまされたと思って真似をしてみてください。子どもを変えようとするのではなく、先生が変わればいいのです。子どもの笑顔も増えてきますよ。

第7章
理科授業の進め方

I スキルを育てる理科の授業
1 スキルを育てるという考え方
- 言語スキルを中心に
- 理科で育てる言語スキル
- スキルも学ぶ理科授業

2 スキルを育てる学習環境
- 板書の活用
- ＩＣＴ機器の活用
- 子どもの持ち物にも気を配る

II みんながわかる理科授業
1 紹介する授業のイメージ
- 例示単元について
- 授業の内容と時間配分

2 授業の実際
- 「聞く」「読む」活動を中心に
- 「書く」活動を中心に
- 「話す」「聞く」活動を中心に

III 評価までが授業です
1 客観的な授業分析
- 授業の記録を残す
- 授業を改善する

2 次の次の授業のために
- 建設的な自己批判
- 教員力を高めるために

Ⅰ．スキルを育てる理科教育

第7章　理科授業の進め方

1 スキルを育てる理科の授業

> 授業というものを「まだ学んでいないもの・こと・わざ（ ＝ スキル）を ひとつずつ確実に身につけさせていく時間」と考えてみます。そうすることで、授業に臨む教員の「覚悟」と「責任」が見えてきます。

1 スキルを育てるという考え方

　「なんでそんなこともできないの」「この前の時間に勉強したでしょ」という言葉は子どもを傷つける「棘棘言葉」です。まだ十分に学んでいない・身につけていないからできないのです。子どもの責任ではありません。誰もが「できる」ようになるまで、何度でも・ていねいな指導を心がけましょう。

○ 言語スキルを中心に

　人は、言語を活用することによって生活を築いています。考えたり・判断したり・表現したりすることによって様々な問題を解決しています。豊かな言語力を身につけることは、より良く生きるために、とても大切なことなのです。

　人は、大人になるまでに、家族との会話を繰り返し、友達との遊びを通して対話を積み重ね、地域の伝統行事の中から言語文化を体験することなどによって言語力を培ってきました。

　ところが、そのような機会が減少した現代では、言語体験そのものが貧弱になり、言葉に関する感性やスキルが育ちにくくなっているのが実態だと思います。このような現状が、読解力の低下や、いじめや非行やニートなど人間関係にかかわる諸問題の要因になっているのかもしれません。

　また、情報化・国際化が進む現代では、言語情報の量的拡大と質的変化が加速度的なものとなり、言語力の育成に対する社会的な要請も高まっています。国際

的な学力調査で要請されている「文章や資料の分析・解釈・評価・論述などの能力」は、この社会の要請に対応したものとも考えられます。

　このような背景の中、新しい学習指導要領でも、「言葉」を重視し、すべての教育活動を通じて言語力を育成することの必要性が強調されているのです。本章では（これまでの総まとめとして）、言語力を「知識と経験を基盤として、自らの考えを深め、他者とコミュニケーションを行うために言語を活用する『スキル』」と考え、特に「聞く・話す・読む・書く」スキルの学びを観点に述べていきたいと思います。

○理科で育てる言語スキル

　では、理科という時間において、言語力の育成をどのように考えればいいのでしょうか。これまで何度も述べてきたように、基本的には、国語科で身につけた知識・スキルを活用するとともに、理科固有の問題解決に関する表現形式の習得と活用が柱になるでしょう。

　ただし、「国語科で習ったから他教科でもすぐに活用できる」ということはありません。「習ったつもり」と「教えたつもり」の「負の連鎖」が積み重なった結果、「やれない子」「できない子」「わからない子」をそのままにしているという現実を忘れないようにしましょう。

　ポイントになるのは、「国語でも社会でも算数でも理科でも（各教科等において）言語力を育成する」という心構えであり、「すべての学校生活を通して言語スキルを身につけさせていく」という覚悟だと思います。

　考え方としては、まず、国語で学んだ基礎的・基本的な知識・技能を理科にも位置づけて「徹底」することを意識します。理科の指導案であっても、該当する国語科の目標と内容（指導事

徹底
・基礎的・基本的な知識・技能
・国語科←→理科で徹底

充実
・言語スキルの活用→習得
・総合的な学びの習慣

育成
・理科固有の言語スキル育成
・思考力・判断力・表現力

理科で育てる言語スキル

項と言語活動例）を付記しておくといいでしょう。

　教員が意識的に（国語の内容を理科の授業に）取り入れることで、知識・技能の定着度が向上するとともに、言語活用環境を「充実」させることが可能になります。こうすることで、子どもにとっても教員にとっても、「教科」という枠にとらわれない総合的な学びの習慣が身についていくのです。

　そして、これらの学習と並行しながら、理科固有の問題解決に関する言語能力も「育成」します。このように国語科でも理科でも、また、他教科等すべての教育活動を通じて言語活動を「充実」させることで、思考力・判断力・表現力を「育成」していくのです。

　理科は、「自然に親しむ」ことが大前提の教科ですから、「自然とのかかわり」がなければ成立しません。子どもが興味・関心を持って自然に働きかけることができるようにするのは教員の使命ですが、五感を通して得た情報を処理するのは子どもです。どのような処理が実行できるかは、子どもの持つ言語量（知識・経験を含む）によるところが大きいでしょう。

理科における3つのかかわり

　また、日々活用している生活用品のほとんどは「科学的な内容」を含んでいます。品質表示や取扱説明書には様々な科学用語が表示されています。中には「危険」という文字が表示されているものもあります。これらの情報を正しく読み取ることは非常に重要な意味を持つことになりますが、正しく読み取るためには科学的言語の知識化（知識として活用できる段階に至ったもの）が必要となるでしょう。

　そして、学校という「集団での学び」を重視した環境においては、「先生や友達とのかかわり」が重要な意味を持ちます。「人は相互に支え合って生きていること」「支え合って生きていくためには、言語によってお互いの想いを伝え合うこと」を実感させるとともに、そのために必要なスキルを身につけさせていかなければならないのです。

このスキルを、「ソーシャル・スキル」として考えることもできます。学校という環境に限定するならば、「より良い学校生活を送るために、友達や先生と良好な関係を築きながら、様々な問題に対処していく言動技能」と定義することもできます。このように考えれば、ソーシャル・スキルは「言語能力」と比例して身につくものと言えるでしょう。

○ **スキルも学ぶ理科授業**

　さて、言語力と理科を様々な観点から述べてきましたが、最も重要なことは「子どもには問題（責任）がない」という児童観です。そこから「まだ学んでいないスキルがある」という観点で子どもをとらえ、必要な知識をひとつずつ身につけさせていけばいいのです。「今の子どもはこんなこともできないのか」「家庭で身につけてくるはずなのに」と嘆くのではなく、「これができるとすごいぞ」と声をかけながら、認め・励まし・褒めることを繰り返し「スキルの学び」を実感させましょう。例えば、先生や友達の話を「聞く」ことに問題があると感じた場合は（理科の時間であっても）、『今日は先生や友達の話をしっかり聞くスキルも学びましょう。』と明示すればよいのです。

　「スキル（あるいはワザ・技能・技術・力など）」という言葉を使うことも効果的な場合が多く、子どもは興味と意欲を持って取り組みます。理想的な到達目標や、そこに到達するためのいくつかの小さな踏み段（スモール・ステップ）をわかりやすく提示しながら、個々の実態に即した支援をすることで、子どもは一つひとつ「やれる」「できる」ようになったことを実感し自信を持ちます。

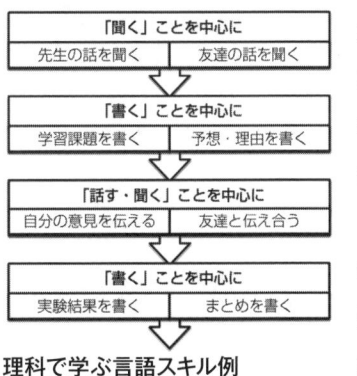

　「しっかり聞きなさい！」「話をしている人の方を見なさい！」と声を荒げて叱るよりも遥かに有効な手法ですから、ぜひ実践してください。

```
┌─────────────────────────┐
│    「聞く」ことを中心に    │
├────────────┬────────────┤
│ 先生の話を聞く │ 友達の話を聞く │
└────────────┴────────────┘
┌─────────────────────────┐
│    「書く」ことを中心に    │
├────────────┬────────────┤
│ 学習課題を書く │ 予想・理由を書く│
└────────────┴────────────┘
┌─────────────────────────┐
│  「話す・聞く」ことを中心に │
├────────────┬────────────┤
│ 自分の意見を伝える│ 友達と伝え合う │
└────────────┴────────────┘
┌─────────────────────────┐
│    「書く」ことを中心に    │
├────────────┬────────────┤
│ 実験結果を書く │ まとめを書く  │
└────────────┴────────────┘
```
理科で学ぶ言語スキル例

I．スキルを育てる理科教育

共生・共育

みんなでできる・みんなでわかる

◆◆「聞くワザを極めた忍者になろう！ スキルアップ！」◆◆

　「他人とのかかわり方」が苦手な（学んでいない）子どもに、友達の話を最後まで聞くというスキルを身につけさせたいとします。厳しく叱ることは効果がないばかりか「二次障害（現在抱えている困難さとは別の問題〈情緒や言動等〉が生じること）」を引き起こす場合もあります。では、どうすればいいのか。低〜中学年男児を想定した導入方法のひとつを紹介します。

1. 子どもの（本当はできるようになりたいという）気持ちを引き出します。
    - ここは焦ることなく、時間をかけて「子どもの言葉」を待ちます。
2. 友達の話を最後まで聞くと、どんないいことがあるのかを説明します。
    - 先生の経験談として話すと効果的です。
3. 身につけたいスキルの名前を考えます。「○○のワザ！」
    - ここは子どもと考えていきます。わかりやすい名前をつけましょう。
4. 「○○のワザ！」の修行方法を考えます。
    - まずは「ひとつ」示します。基本はスモール・ステップです。
5. ワザが身についたときの「巻物」授与式を考えます。
    - できるようになったときの自分を描くことで目的意識を高めます。
6. 最後まで話を聞くことができそうな友達を思い浮かべます。
    - 「○○くんだったらどうするかな」と考えることで、自分の行動をイメージするきっかけにします。
7. 次の理科の時間から訓練を開始することを伝えます。
    - すぐに始めなければ意味がありません。やる気になった今が勝負です。
8. その前に、今、これだけの相談ができたことをワザとして認め、「相談の巻物レベル1」を授与します。

　ここまで先生と相談できたことを大いに褒めましょう。ここで認めることが意欲を高め、「聞き耳のワザ」修行の原動力になります。

「忍法『聞き耳のワザ！』」

❷ スキルを育てる学習環境

　聞いたり・話したり・読んだり・書いたりする「やり方を覚えてスキルにする」ためには、そのやり方を学んで・真似をして何度も何度も練習することが必要になります。そのために必要な情報を提供したり準備したりと学習環境を整えるのが教員の使命です。

○ **板書の活用**

　教材研究によって、授業の目標・内容が理解できているとしましょう。活用する教材・教具も整えました。さて、いよいよ授業です。教員の話だけで授業を進めることは難しいでしょう。なぜならば、耳からの情報はすぐに消えてしまうため、子どもの記憶に残らない場合があるからです。

　そこで「授業を支える強力なツール」として位置づけられるのが「板書」です。「授業後の板書を見れば教員の実力が評価できる」と言われるように、授業のすべてがそこに表現されていると考えてもいいでしょう。特に、小学校の段階では、「子どもとともに創る授業」が基本です。今日の授業で身につけたいスキルが視覚情報として板書に位置づけられていれば、機会あるごとに確認することが可能です。子どもが主体的に活動しているように見えるのは、教員の的確な視覚支援があるからなのです。

　子どもが自然（教材教具）と関わる中で、科学的な見方や考え方と言語スキルを身につけていく－その方向を指し示す強力なツールが「板書」などの視覚支援具なのです。

　活動に夢中になり、方向を見誤りそうになった子どもたちを落ち着かせ、前に注目させるとともに舵取りを示唆する－教員が原動力となる「教材教具－子ども－板書」

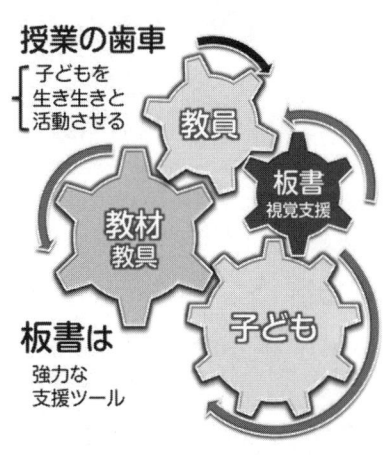

Ⅰ．スキルを育てる理科教育

のつながりは、子どもを目標に向かって生き生きと活動させる歯車のひとつとしてイメージするといいでしょう。

　小学校の子どもは、先生を、そして、黒板を見て授業を受けています。黒板に書いた文字は何度でも読み返すことができます。特別な支援が必要な子どもに対しても、「今、なにをやっているのか」「次に何をすればいいのか」を明確に示すことができます。よりよい板書を求め続けましょう。

> **教育的効果の高い板書例**
> ・本時の「めあて」「課題」がわかりやすく書かれている
> ・本時の「学習の手順（流れ）」がスモール・ステップで示されている
> ・子どもがノートに記録する部分がわかりやすく示されている
> ・「予想」「理由」「実験」「方法」「結果」「まとめ」「次時の課題」など、理科固有の学習キーワードが明示されている
> ・子どもの名前札などを活用して参加型の板書にしている
> ・「課題（めあて）」と「まとめ」の整合性が取れている（矛盾がない）
> ・授業全体の流れが一目でわかるように工夫されている

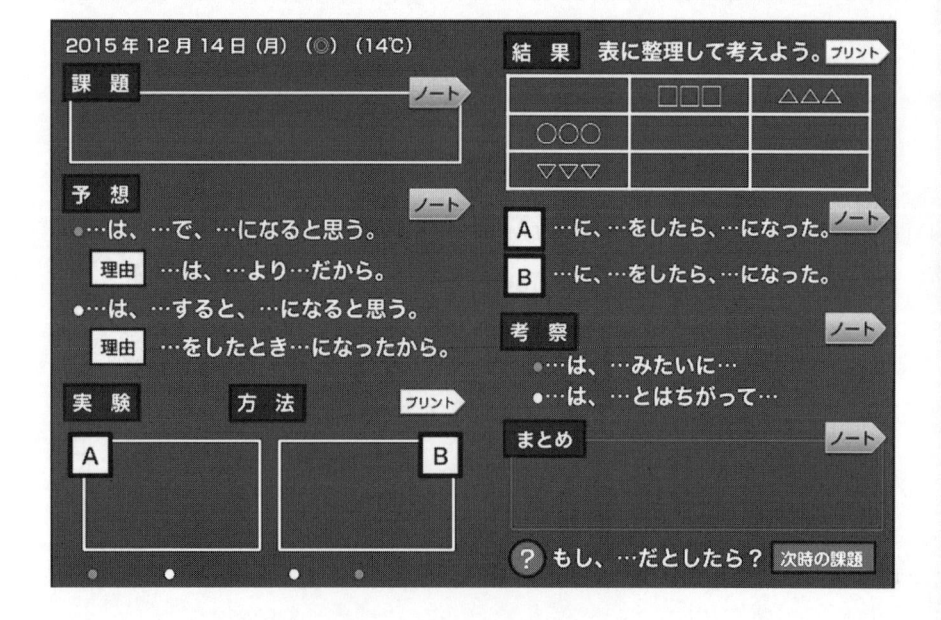

2015年12月14日（月）（◎）（14℃）

課題　　　　　　　　　　　　　　ノート

予想　　　　　　　　　　　　　　ノート
　●…は、…で、…になると思う。
　　理由　…は、…より…だから。
　●…は、…すると、…になると思う。
　　理由　…をしたとき…になったから。

実験　　　方法　　　　プリント
A　　　　B

結果　表に整理して考えよう。プリント

A　…に、…をしたら、…になった。ノート
B　…に、…をしたら、…になった。

考察　　　　　　　　　　　　　　ノート
　…は、…みたいに…
　●…は、…とはちがって…

まとめ　　　　　　　　　　　　　ノート

？　もし、…だとしたら？　次時の課題

○ ＩＣＴ機器の活用

ICT機器の設置例

理科室でも教室でも「黒板」はあります。「黒板」は様々なスキルを育てる上で最重要なツールです。しかし、黒板にも「弱い部分」があります。例えば、書いたものをそのまま残しておくことができない・スクリーンとして（直接）利用することができない・書く量に制限がある・ていねいに書いていると時間がかかるなどが考えられます。

そのような弱さを補うとともに、さらなる教育効果が期待できるのが「ＩＣＴ機器（パソコン、プロジェクタ、デジタルビデオ・デジタルカメラ、タブレットＰＣ等）」です。学校の片隅に眠っているようでは困ります。使い方や使用事例を研究するとともに積極的に活用していきましょう。

まずは、ノートパソコンとプロジェクタ、あるいはビデオカメラとプロジェクタをつなぎ、スクリーンに映像や画像を提示することをイメージしてください。最近では、「電子黒板」の導入も進んでいますから、スクリーンの代わりに「電子黒板」を活用する方法もあります。

電子黒板と黒板の設置例

例えば、教室前方の左側に「電子黒板（スクリーン）」を位置づければ、黒板もフルに活用することができますから、授業スタイルを変える必要がありません。

ただし、スクリーンやビデオカメラやノートパソコンを設置する

場合は、子どもの思考や活動を阻害することのないように、配置場所にも十分配慮しましょう。

ICT機器の導入には否定的な教員もいますが、それぞれの機器をプロジェクタに接続するだけで、ソフトウェアやウェブサイトの画面、静止画・動画を拡大して提示できます。理科においては、動画や静止画を切り替えたり拡大率を変えたりして提示することが、理解の促進・補完や学習内容の焦点化・共有化に有効となります。

黒板では通常の理科授業を展開し、プロジェクタでは「スキルの学び」を提示するという方法も考えられます。例えば、授業の導入時にスキルの学びを大画面に映し出し、全員の視線と意識を1点に集中させます。そこで、興味と意欲を喚起することができれば、その後は、理科の内容を補助する動画や静止画と切り替えながら、必要に応じてスキル獲得に関する情報を提示していけばいいのです。

スキルに関する提示情報を（全教科等で活用するものとして）あらかじめ作成しておけば、理科の授業を滞らせることもなく、テンポよく展開することが可能ですから、時間に対する学習効果は2倍にも3倍にもなるのです。

辛甘コラム　本音？じゃあ、言わせてもらうけど…
「前の机（教卓）の周りに集まってきてください」

ひとつしか実験器具が用意できないとき、教員が見本となる実験を見せるときなど、教卓の周りに子どもたちを集めていませんか。あれは「最悪」の指示だと思います。

後ろの子どもは見えない、前の子どもはしゃがむと下からのぞき込む角度でしか見えない、左右の子どもは教員の手が邪魔で見えない…。10人程度の学級ならばなんとかなりますが、それ以上だと価値ゼロです。

ビデオカメラとプロジェクターとスクリーンを使いましょうよ。見せたい角度・大きさで全員が注目して同じものを見ることが可能なのですから…。

○ 子どもの持ち物にも気を配る

　低学年の子どもにはていねいな指導を加えているのに、いつの間にか子ども任せになっているのが「子どもの持ち物（文房具）」です。「書く」「読み直す」「加筆する」「修正する」という言語スキルを身につけさせるために必要不可欠なものですから、きちんと指示ができるようにしましょう。

○理科の授業で用意するもの：持ち物例
　　　　　　　　　　　（授業内容によって指示します）
　・理科の教科書・理科用のノート（6〜8mm　横罫線など学年で統一）
　・下敷き（厚手の透明なものを推奨）
　・筆入れ　鉛筆（B以上を推奨：キャップ付き）× 5本　消しゴム
　　定規（15cm程度）　赤青鉛筆　油性ペン（黒）
　※4色ボールペン　※黄色のラインマーカー
　※理科用小物入れ（ラジオペンチ　ニッパー　はさみ　スティックのり
　　　　　　　　　　セロハンテープ　付せん）　※印＝学年に応じて準備

　理科ノートについても、「基本的な書き型」を学年に応じて指導する必要があります。4月の理科授業開きから数時間の間に、見本になる子どものノートを配布したり教科書のノートの書き方ページを参考にしたりしながら、具体的な目標をイメージさせます。特に、3年生の指導が重要です。理科という教科の特性に応じたノートの活用を「実感」できるような工夫を取り入れながら、ノートに書くというスキルを身につけさせていきましょう。

○ 理科ノートの約束例（他教科等と統一することが可能です）
　・基本は鉛筆（黒）で書く
　・青鉛筆は、「課題」を囲む（わからないこと・不思議なことに下線）
　・赤鉛筆は、「まとめ」を囲む（わかったこと・発見に下線）
○ 理科ノートの目標例
　3年5月〜4年7月：1時間で1ページを使い切る（書き込む）
　4年9月〜5年7月：1時間で2ページ以上（自由に）まとめる
　5年9月〜6年卒業：1時間を2ページにきちんとまとめる

第7章　理科授業の進め方

Ⅱ みんながわかる理科授業

> ここでは、言語スキルの学びを取り入れた理科の授業実践例を述べていくことにします。ただし、ここで述べる事例は「ひとつの型」であり、特異な部分や極端な内容が含まれていることを意識しておいてください。

1 紹介する授業のイメージ

　授業の型を学ぶことは、若い教員にとっては大切な研修となりますが、そこで学んだ内容は参考資料であり、「目の前の子ども」に即した授業を創るのは「担当する先生」なのです。その点に留意しながら読み進めてください。

○ 例示単元について

【第4学年「空気と水の性質」】

　例示するのは、第4学年「空気と水の性質」単元です。その中から「閉じ込めた水は圧し縮められないこと」を学習する時間を選び、言語スキルの学びを意識的に位置づけた部分を紹介していきます。言語スキルの育成に関しては、どの学年・どの単元においても基本的な考え方は変わりません。学年の目標や内容に応じて読み替えてください。

　この単元についての詳細は、小学校学習指導要領解説理科編を熟読してください。ここでは「空気と水の性質」の内容のみを下記に示しておきます。

第4学年「空気と水の性質」の内容

　閉じ込めた空気及び水に力を加え，その体積や圧し返す力の変化を調べ，空気及び水の性質についての考えをもつことができるようにする。

ア 閉じ込めた空気を圧すと，体積は小さくなるが，圧し返す力は大きくなること。

イ 閉じ込めた空気は圧し縮められるが，水は圧し縮められないこと。

国語科との関連

　国語科との関連については、小学校学習指導要領解説国語編を熟読してください。ここでは、第3学年及び第4学年「A 話すこと・聞くこと」「B 書くこと」の言語活動例から、理科においても意識しておきたい内容のみを下記に示しておきます。

第3学年及び第4学年の言語活動例（部分）

「A 話すこと・聞くこと」言語活動例

○ 出来事の説明や調査の報告をしたり、それらを聞いて意見を述べたりすること。

○ 学級全体で話し合って考えをまとめたり、意見を述べ合ったりすること。

○ 図表や絵、写真などから読み取ったことを基に話したり、聞いたりすること。

「B 書くこと」言語活動例

○ 疑問に思ったことを調べて、報告する文章を書いたり、学級新聞などに表したりすること。

○ 収集した資料を効果的に使い、説明する文章などを書くこと。

○ **授業の内容と時間配分**
　授業（前半部分）の内容

---

① 本時の「スキル学び」は、「ノートを見ないで話す」「友達の意見を聞いたら質問するか感想を伝える」の2点であることを全体で確認する。

② 前時までに学習した内容（空気の性質：閉じ込めた空気を圧すと、体積は小さくなるが、圧し返す力は大きくなること）について、各自のノートを読み直しながら思い出す。

③ 本時の課題（水の性質：容器に閉じ込めた水に力を加えたときの体積や

Ⅱ．みんながわかる理科授業

　　圧し返す力の変化）を子どもの言葉でノートに書く。
④ 課題に対する「予想」と「理由」をノートに書く。
⑤ ２人組で予想と理由を伝え合う。
⑥ 指名された何名かが（全体に対して）予想と理由を発表する。
⑦ 実験方法を考えて班で（順番に）伝え合う。

おおよその時間配分

時間	学　習　活　動	言語力に関するスキルの学び
１分	① スキル学びの提示	・ノートを見ないで「話す」 ・友達の考えを聞いて意見を「話す」
３分	② 前時の学習内容の復習	○ 先生の話を「聞く」 ○ 前時に書いたノートを「読む」
３分	③ 本時の課題確認	○ 先生の指示を「聞く」 ○ 課題をノートに「書く」
４分	④ 予想と理由	○ 予想を「書く」 ○ 理由を「書く」
３分	⑤ 伝え合い（２人組）	○ ノートを見ないで自分の考えを「話す」 ○ 友達の考えを聞いて意見を「話す」
６分	⑥ 発表（全体）	○ 学級全体に自分の考えを「話す」 ○ 友達の考えを聞いて意見を「話す」
５分	⑦ 伝え合い（班）	○ 班員に自分の考えを「話す」 ○ 友達の考えを聞いて意見を「話す」

　２時間連続の理科を想定し、その１時間目の前半（言語活動を意識して位置づける）部分を詳しく説明していきます。１時間目の後半から２時間目は実際に実験を行い、その結果を話し合いながら本時ならびに単元全体をまとめていくことになりますが、その部分については「板書」を活用した展開イメージのみを紹介することにします。

2 授業の実際

　ここからは、教員が「どのような願いで」「何を発言（指示・指導・支援・援助・示唆）して」言語スキルを身につけさせようとしていくのか、具体的な授業展開を紹介していくことにします。

○「聞く」「読む」活動を中心に
① スキル学びの提示

　スキルの学びは、学習面における「学級のめあて」にもなります。国語の授業と関連させながら、子どもと話し合い、常に意識しておきたいものを掲示・提示すると効果的です。

　この授業では、「ノートを見ないで自分の考えを説明する」という言語スキルを重点目標として設定します。これは、理科の授業だけではなく、他の教科等も含めた「月間目標」として想定しています。

今月の身につけたいワザ!! 聞く！読む！書く！話す！
「聞く」「読む」「書く」「話す」
○自分のノートを読み直す
○自分の考え（予想と理由）をしっかり書く
★ノートを見ないで自分の考えを説明する
○友達の意見を聞いたら質問か感想を伝える
○みんなで話し合って考えをまとめる
「理科」のワザ
◎結果を表にまとめる

学習における学級のめあて例

　このような「スキル学び」については、毎時開始直後に（教科学習前の活動として）相互確認することで、興味と意欲を持たせることが可能になります。模造紙や大きめの画用紙に書いておけば、教室から理科室へ移動しても掲示して使うことができます。プレゼンテーションソフトで簡単なアニメーションを加えて確認していけばより効果的です。いずれの場合も、次のように働きかけることで授業をスタートさせましょう。

○　この時間でワザに磨きをかけるのは、そう、「ノートを見ないで自分の考えを説明する」ことだね。
　だいぶ身についてきたけど、さらにレベルを上げるために、今日もがんばっていきましょう。

第7章　理科授業の進め方

② 前時の学習内容の復習

　さて、ここからが理科の授業となりますが、授業の始まりは、誰かの声を『聞く』ことから始まります。３年生の場合は、先生の話を聞くことで始まるのが通常でしょうが、６年生になれば、子どもの発表から始めることも可能です。ひとつの型として、次のように始めることを想定してみましょう。

> ○　さて、前の時間のノートを見ながら聞いてください。(1)
> 　この前の理科の時間では、「閉じ込めた空気に力を加えていくとどうなるだろうか」を課題に、みんなで、筒や注射器に空気を閉じ込めて圧すという方法を考えて実験をしましたね。そして、実験結果を発表したり、みんなで考えたりして、「閉じ込めた空気に力を加えると、体積は小さくなるが手ごたえは大きくなる」とまとめました。(2)
> 　でも、最後に、Aさんが、「空気のことはわかったけど、水はどうなんだろう」という疑問を発表したんだよね。みんなもわからなかったから、Aさんの疑問を、みんなの疑問として次の時間に考えていこうということで、前の時間が終わりました。
> 　ということは、今日の課題は・・・。

　いくつもの情報が示されています。一気に話されたら何も残らないかもしれません。しかし、スキルが身についていれば、前時の活動を想起するとともに、本時の課題にも見通しが持てるようになります。

　では、どこがポイントになるのか、もう少し詳しく述べていくことにします。

前の時間のノートを見ながら聞いてください。(1)

　ノートに書いた情報を見直しながら前時の授業を振り返ります。ノートの書き方については、順に説明していきますが、ここでポイントになるのは「自分のノートが役に立つ」という思いを抱かせることです。自分のノートを『読む』ことで、前時の授業で行ったこと・自分が考えたことが記憶から呼び起こされるわけです。「自分で考えたこと」を振り返る経験を積み重ねることで、「書いておくこと」「読み直すこと」の価値が意識できるようになります。

「前の時間のノートを見ながら聞いてください。」という一言ですが、ここには『読みながら聞く』『聞きながら読む』というスキルの育成がねらいとして含まれているのです。

> この前の理科の時間では、・(中略)・大きくなる」とまとめました。(2)

　実際にノートを開き、自分が書いた記録を『読む（見直す）』活動を始めます。指示する前にノートを開いている子どもを褒めることで、学習習慣も身についていくでしょう。ただし、「聞きながら・目で追いながら・集中して考えていく」という思考活動は相当高度なものになります。あわてることなく、焦ることなく、一人ひとりの実態を把握しながら、目標とするスキルが身につくまで、ていねいな指導を繰り返していきましょう。

　例えば、「聞いたこと（指示されたこと）を行動に移すスキルの学び」を身につけさせたい子どもが複数の場合は、一斉指導においても、次のような補足を加えていくことで個別指導に置き換えることが可能です。個別の机間支援と組み合わせながら、効率的・効果的な展開を考えてみましょう。

「補足しながら展開していく例」

　「この前の時間に書いたページを開きましょう。」　　　　聞く
　「すごい！　あっという間に開くことができましたね。」　認証
　「では、青い線で囲んだ「課題」のところを指で指しましょう。」　聞く
　「さすが！　しっかり指で指すことができてるね。」　　認証
　「では、みんなで、前の時間の課題をよんでみましょう。」　聞く・読む
　「上手に読めたね！　そう、この前の時間は…」　　　　認証
　「どんな実験で確かめたかな？　ペアで伝え合ってみよう。」　話す・聞く
　「うん、みんなで２つの方法を考えたよね。そして……」

　というように、ノートを活用しながらスモール・ステップで確認し、「赤い線で囲んだ「まとめ」のところを読んでみましょう。」と導入をまとめていきます。

Ⅱ．みんながわかる理科授業

　理科には、「課題」「予想（仮説）」「実験（観察）方法の検討」「実験（観察）」「結果の整理」「結果の考察」「まとめ」「次の課題」という学習の型があります。この学習型を身につけていくためにも、授業の導入と終末は重要な意味を持ちます。

　ここで示した導入時においては、前時を振り返ることで、「前時の学習がこの型に従って展開されていたこと」を意識させるようになっています。3年生では教員が主体で展開していくことになりますが、繰り返すうちに「先生の話し型」を覚えて、真似ができるようになります。真似ができるようになったら、子どもに導入の発言を任せてみましょう。

　前時の内容をまとめて『話す』というスキルは相当レベルの高いものですが、真似から入れば意外と簡単に身についていくものです。子どもが真似したくなる話し型は、子どもの『話す』スキルをのばします！

　チャイムが鳴ったら、「今日は僕の番だね」と、隣り合った子どもの一人、あるいは班の一人がノートを開き、前時に書いた内容を見直しながら学習活動を振り返るとともに本時の課題を確認し合う導入、ひとつの目標にしてみませんか。

学生のみなさんへ

声をかけ・目をかけ・手をかけ・心かけ

前頁で述べた「補足しながら展開していく例」を加えるとともに、一人ひとりの様子を確認しながら展開した場合は、ここまでで授業導入から5分間となります。「ずいぶんとていねいな指導だな」と感じた人も多いと思います。このような展開を例示してきたのは、通常学級に在籍する（比較的軽度の）発達障がいのある子どもに対しての指導も意識しているからです。例えば、

・プロジェクタを活用して意識を集中させること
・授業でのルールを明確にすること
・授業のめあてや活動内容の見通しを持たせること
・これから行うことをひとつずつ指示すること
・指でひとつずつ確認するという動作を取り入れながら活動していくこと

・子どもが一度読んだ内容を、先生が読み直すこと
・できたことを認め・褒めるとともに、次に何をするのかを指示すること

などは、筆者が有効性を確認した事項です。子どもが一度読んだもの（あるいは発表した内容）を、先生がさらに読み直す（言い直す）ことは、「オウム返し」と呼ばれ敬遠されることもありますが、一部の子どもに対しては、たいへん効果的な支援になります。

理科の内容や言語力はもちろんのこと、集団での学習や生活のスキル（ソーシャル・スキル）に関しても、特に意識して身につけさせていく必要があります。そのためにも、絶えず「目をかける」ように心がけましょう。過保護や甘やかしではなく「スキルの学び」を身につけることを意識させ、「できる」喜びを共創する教員を目指しましょう。

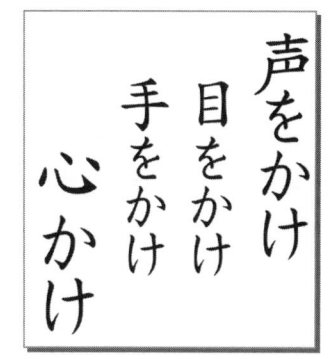

> 声をかけ
> 目をかけ
> 手をかけ
> 心かけ

○「書く」活動を中心に

③ 本時の課題確認

　前時の復習から引き続く形（自然な流れ）で本時の課題を確認します。

　ここでは、一人の疑問を全体の課題として取り上げています。全員が納得するとともに意欲的に取り組む雰囲気を作りましょう。

　また、この段階からは、ノートに『書く』スキル、ノートに書いたことを『読む』『読んで伝える（話す）』スキルの学びが入ります。子どもにとっては抵抗を感じる場合も少なくありませんから、個に応じた学びを意識しながら、ひとつずつ進めていきましょう。

> ○　ということは、今日の課題は「とじこめた水に力を加えるとどうなるか。」でいいかな。では、ノートの新しいページを開いて、課題を書きましょう。

子どもがノートを開いて「課題」を書く活動を支援していきます。ノートをきちんと開く・下敷きを使う・鉛筆を正しく持つ・定規を使うなどについても、見本をみせたり、しっかりできている子を褒めたりしながら「みんなができている」ことを確認して進めていきます。

その際、重要になるのが「板書」による視覚支援です。

> 先生は課題を黒板に書きますので、みなさんはノートに書きましょう。

このような指示を出す必要がなくなれば素晴らしいですね。教員がていねいすぎるから「指示待ち人間」を作るという批判もありますが、「習慣」として「スキル」として身につく日まで根気よく・粘り強く続けていきましょう。

以下、必要に応じ板書の例を「板書コーナー」と示して説明していきます。ひとつの基本となる「月日・曜日・天気・気温（室温）」等については、学年に応じて『書く』スキルと習慣を身につけましょう。

◆「課題」をノートに書く◆　　　　　　　　　　　　　　　板書コーナー

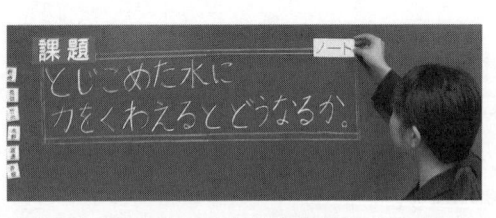

学習課題をノートに書くときの板書です。

課題を大きめの文字（黒板消しの幅程度）で板書した後、板書用定規を活用し、青二重線で囲んでいます。また、「課題」という札（裏にマグネットをつけたもの）と「ノート」という札を張ることで（視覚に訴えるとともに）、ノートに『書く』情報を明示しています。

理科のノート作り（書き型）が身についていないことを想定して、板書を活用したていねいな視覚支援を行います。このような支援をすることで「型」を学ばせるのです。最初は「書かされている（やらされている）」活動になりますが、「書いたことを読み直す」活動を意図的に作り出すことによって、「書いておいてよかった」「書いておかないと困る」「書いておきたい」という心的変容が起こり、「何を・どこに書いておけばいいだろうか」という『書くスキルの学び』が能動的なもの

になるのです。

　ただし、そこまで到達するのには相当な時間がかかりますし、個人差も大きいでしょう。だからこそ、「型」から入るのです。「型」を身につけるのには努力が必要ですが、それが「スキルの学び」です。定規を使うコツ、青鉛筆を使うわけなど、ひとつひとつ「やれる・できる・わかる」ことで身につけていきます。時間がかかっても、一人ひとりを見届けながら進めていきましょう。

「書き込み型のワークシートの活用例」

　「書く」ことが極端に「苦手」な子どもに対しては、下記に示すような「書き込み型ワークシート」を活用するのが効果的です。このワークシートでは、下線を引いた部分のみに文字や数字を書くように工夫しています。また、右端にチェック枠を作り、子どもがひとつずつ確認しながらスモール・ステップで展開できるようにしています。この枠は、(教員が机間個別支援をする際に)「シールを貼ったり」「スタンプを押したり」しながら声かけをしていくことで、子どもを「認め・励まし・褒める」場を構成します。

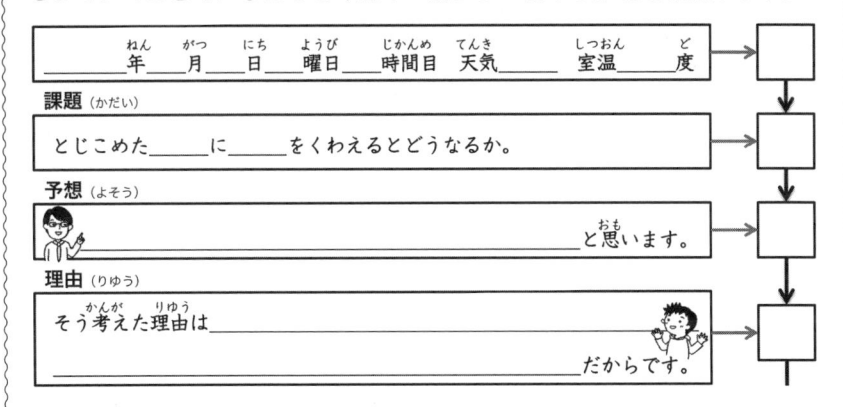

　　　　ねん　　がつ　　にち　　ようび　　じかんめ　てんき　　　　しつおん　　ど
　　　＿＿年＿＿月＿＿日＿＿曜日＿＿時間目　天気＿＿＿　　室温＿＿＿度

　課題 (かだい)
　とじこめた＿＿＿＿に＿＿＿＿をくわえるとどうなるか。

　予想 (よそう)
　＿＿＿＿＿＿＿＿＿＿＿＿＿＿＿＿＿＿＿＿＿＿＿＿＿＿と思います。

　理由 (りゆう)
　　　　かんが　　りゆう
　そう考えた理由は＿＿＿＿＿＿＿＿＿＿＿＿＿＿＿＿＿＿＿＿＿
　＿＿＿＿＿＿＿＿＿＿＿＿＿＿＿＿＿＿＿＿＿＿＿だからです。

　漢字の使用や書き込ませる箇所は、子どもの実態に即して設定します。「書く」ことは言語力の中で最も難易度の高いスキルですから、時間をかけてゆっくり・確実に身につけさせていきましょう。

④ 予想と理由

> ○　みんな課題が書けましたね。もう一度みんなで読んで、今日の課題を確認しましょう。
> 　さて、とじこめた水に力を加えるとどうなるでしょうか。いつものように「予想」を書いてみましょう。もちろん？　そう、そう考えた「理由」を書くことが大切だったよね。
> 　さあ、理由がいくつみつかるかな？　水を使った場面をいろいろ思い出して考えてみましょう。
> 　頭の中に書くことが浮かんだかな？　では、○○分までに書きましょう。

　机間個別支援により、「全員が学習課題をノートに書いた」ことを確認した後に上記の働きかけをします。「みんな書けたようですね」という発言は信頼関係を損なう場合がありますから注意してください。

　全員で課題を読む活動は、課題を再度意識化させるとともに、理由を『書く』という活動に思考を切り替えるためです。ただし、この課題に対する予想は「体積が小さくなる」あるいは「体積は変わらない」しか考えられませんので、ここでは「理由」を書くことが重要であることを強調します。

　また、「理由がいくつみつかるかな？」「水を使った場面をいろいろ思い出して考えてみましょう。」という働きかけによって、様々な生活体験を想起させます。どんな課題であっても、「書くための素材」は、自分の経験の中にたくさん存在していることを実感させたり、理科は「生活とかかわっている」ことを意識させたりすることが重要です。

　子どもが書く内容については、例えば、「水はかたい感じがするからです。」という段階から、「水は空気と違って…」という比較を加えたものや、「ペットボトルを圧したとき、飲み物が入っているときは…」という経験を加えたものになるように「教員が模範となる型を示しながら」段階に応じて指導していきます。

　書く時間を指示（制限）するのは、「書く」ことに集中させたり、思考を活性化させたりすることに効果があります。「あと１分です。」「あと 30 秒でまとめ

てください。」という指示を出しながら、子どもの書き込み内容を確認していきます。書き終わった者には挙手をさせ、個別支援をしていくことも想定するとよいでしょう。

○「話す」「聞く」活動を中心に
⑤ 伝え合い（2人組）

> ○
>   では、発表タイムをとりますが、その前に、ワザのめあてを確認しておくよ。今日は、「ノートを見ないで自分の考えを説明する」ことにチャレンジするんだね。
>   そのためには、ノートを見て、自分の書いた考えを確認して、一度頭の中で練習しておくといいよね。
>   発表を聞いた人は、「友達の考えを聞いて意見を述べる」ことにチャレンジだよ。例えば、「私は、とじこめた水に力を加えたら、体積は○○○と考えました。そう考えた理由は、飲む前のペットボトルを圧したら○○○だったからです。」「考えを聞かせてくれてありがとう。ペットボトルを圧したときのことを説明してくれたので、とてもわかりやすかったです。でも、私がペットボトルを圧したときは…」というようにできればすごいね。
>   最初は1番の人が2番の人、3番の人は4番の人に、自分の考えを伝えましょう。聞いた人が意見を言えたら交代だよ。
>   発表タイムは○○分までです。始めましょう。

　導入時に提示した「スキル学び」の画面（あるいは模造紙等）を指し示しながら、『ノートを見ないで話す』ことを意識させます。実態に応じて「ノートを見ながら発表してもよい」ことや「ノートをそのまま読んでもよい」ことも付け加えます。

　友達の意見を『聞く』スキルにおいては、「友達の説明を正しく聞き取ること」や「自分の意見を述べる前に、聞き取った内容を確認する・友達の説明の良いところを述べる」などを説明します。

　「相手を意識して話す」「聞いて意見を述べる」というスキルの学びは一人では

伝え合い（2人組）

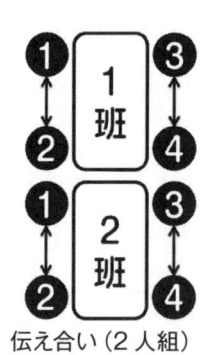

成立しません。また、状況を変え・経験を積み重ねることで「相手に応じた伝え方」を学んでいくのです。挙手による発表形態のみでは発言する子どもが限られてしまいますので、「全員が声を出す」活動を1時間に3〜4回は位置づけましょう。

ここで例示した1対1の伝え合いも、「今日は違う班の人に説明に行きましょう。」という工夫により様々な場面を作ることができます。

お互いに意見を述べたら、ノートの該当箇所に「シール」などを貼り合うといいでしょう。シールを貼ることでスキルの学びを確認するとともに、興味や関心を持続させることができます。（図工や総合の時間などで「自分のマークのミニシールやハンコ」を作っておくと様々な場面で活用ができます。）

◆「予想」「理由」を書いて発表する ◆

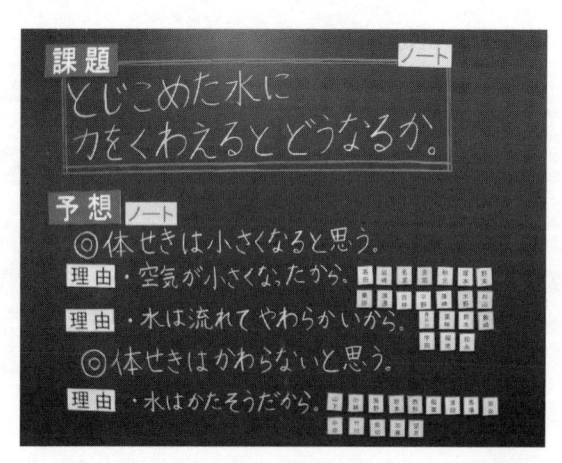

板書コーナー

課題　ノート
とじこめた水に
力をくわえるとどうなるか。

予想　ノート
◎体せきは小さくなると思う。
理由・空気が小さくなったから。
理由・水は流れてやわらかいから。
◎体せきはかわらないと思う。
理由・水はかたそうだから。

子どもに予想を書かせるときは、課題と同様に「予想」「ノート」札を活用し、自分の考えを書くように指示を出します。

ノートに書いた予想を発表させるときは、「理由」札を活用し、「理由を述べること」も習慣として身につけさせましょう。

また、発表後、同じ考えの者を挙手させる活動を取り入れ、子どもの名前を印刷した「名前札」を並べていくことで、参加意識を高めていきましょう。

⑥ 発表（全体）

> ○　はい、ペアでの発表タイムは終わりです。今度は、みんなで考えていきましょう。最初は、Aさんの予想と理由を発表してもらいましょう。

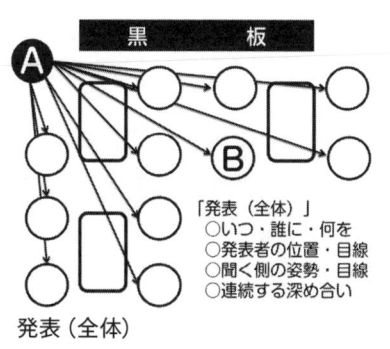

発表（全体）
- ○いつ・誰に・何を
- ○発表者の位置・目線
- ○聞く側の姿勢・目線
- ○連続する深め合い

ここでは、教員が一人の子どもを指名しています。模範となる発表ができる（『話す』スキルが身についている）子どもを指名する場合や、全体へ発表することで自信をつけさせたい子どもを指名する場合などが考えられます。特に後者の場合は、発表の内容等を予め支援しておくようにしましょう。

例えば、次のような展開が期待されます。

Aさん：私は、閉じ込めた水に力を加えたら、体積は少しだけ小さくなると思います。そう考えた理由は、水は空気とは違って重たいので、空気より少し固そうだと思ったからです。

先　生：「少しだけ」という言葉、聞き取ることができましたか。Aさんは、水は空気と違って重いから、少し固そうだから、少しだけ小さくなると考えたんだね。とても立派です。では、Aさんの意見と自分の考えをつなぐことができる人に続けて発表をしてもらいましょう。はい、Bさんどうぞ。

Bさん：ぼくは、水は小さくならないと考えていたんだけど、Aさんが「少しだけ」と言ったのを聞いて、注射器の目盛りひとつぶんぐらいだったら小さくなるかも知れないと考えを変えました。

先　生：Bさんもすごいね。Aさんの発表を聞いて考えを変えることができたんだって。Bさんの発表にもすばらしい言葉が出てきたんだけど、みんなも聞き取ることができたかな。そう、「注射器の目盛りひとつぶん」という言葉。Bさんが考える「少しだけ」というのは、「注射器の目盛りひとつぶん」と言うことなんだね。さあ…

第7章　理科授業の進め方

Ⅱ．みんながわかる理科授業

　ここで大切なのは、子どもに「自分たちの力で話し合いを深めている」と感じさせることです。教員が全体をコントロールしていても、「全員が話し合いに参加している」という場が構成できていれば問題ありません。全体でスキルを学ぶ場面では自信を持ってタクトを振ってください。

　また、時間的にゆとりがあれば、板書コーナーで紹介したように「Aさんと同じ考えの人は名前札（自分の名前を印刷したカードの裏に磁石をつけた物）を黒板につけに来てください。」と投げかけます。こうすることで、発表していない子どもにも、自分の考えと「同じか・違うか」を比較する時間を提供するとともに、意思表示をさせることが可能になります。

⑦ 話し合い（班）

> ○　みんなの予想とその理由がわかったところで、実験方法を考えていきましょう。今度は、班の友達と考えを伝え合いましょう。○番の人から順番に発表していきます。
> 　発表は、いつものように、最初に「自分の考えた実験方法」、続けて「なぜその方法を考えたのかという理由」の順番です。聞いている人は？　そう、今日も聞き終わった後に「一言意見」を話してもらいますから、しっかり聞きましょう。
> 　伝え合いタイムは○○分までです。では、○番の人からどうぞ。

　前時までに「空気」で実験をしていますから、「同じ道具を使って実験すればいい」という発想は容易に引き出すことができます。よって、すぐに考えを伝え合う活動へと展開していきます。ここでは、4人の班活動を位置づけていますが、これは、1：3の『話す』『聞く』スキルの学びを意識したものです。

　『話す』スキルとしては、「最初に結論（自分の考えた実験方法）を話すこと」と「次に理由を述べること」を意識させています。スキルが身についている子どもに対しては（机間個別支援の際に）、理由に「経験」や「科学的な観点」を加えて話すと説得力が増すことを伝えましょう。

　机間個別支援は、理科や国語（言語力）の目標・内容と照らし合わせながら、「目

の前の子どもに」ぴったりのスキルを提示する場です。意味もなく歩き回っているようではプロの教員とは言えません。

　さて、班での伝え合い終了後、（前述した「型」により）全体で話し合い、実際に実験する方法をまとめていきます。なお、実験方法（特に安全面）を確認する場合や、教員といっしょにスモール・ステップで展開していく場合など、カメラとプロジェクタを接続し、実際に子どもが活用する道具をスクリーンに映しながら補足していきます。

◆「実験方法」をまとめていく◆

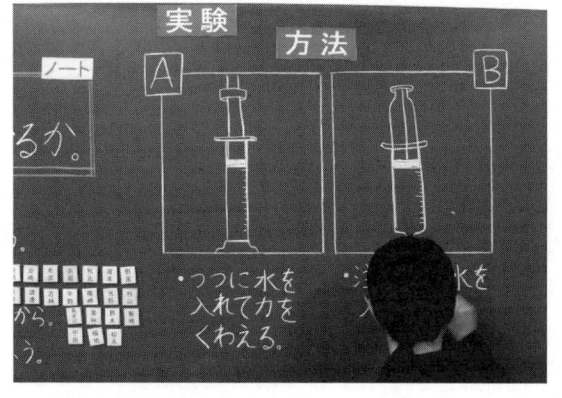

板書コーナー

実験方法等を考えていく段階では、絵図も加えながら板書していくことが大切です。ここでは、「Ａ：筒に水を入れて力を加える」「Ｂ：注射器に水を入れて力を加える」という２つの方法に収束した板書例を示しています。

　子どもが考える実験方法が、ある程度予想できる場合は、画用紙や模造紙に大きく描いておくことで（時間的な）効率を上げることもできます。絵図で示すことは、子どもの注意を喚起することにもつながり、実験の具体的な内容をイメージさせることができます。

　複数の方法から実験を選ばせるような場合は、意思表示をさせる意味も含めて、「名前札」を活用しましょう。座席から黒板への移動は授業にめりはりをつける効果もあります。また、特別な支援を必要とする子どもに対しては、絵図とともに実験の順番を書き表した「手順表」を掲示するのが有効であることも覚えておきましょう。

Ⅱ．みんながわかる理科授業

◆ 実験方法をひとつずつ確認する ◆

板書コーナー

実験方法の確認が必要な場合や、全員が同じ手順でひとつずつ（スモール・ステップで）展開していく場合は、プロジェクタで実物を大きく映しながら説明していくことを計画しましょう。

ここでは「注射器に水を入れて力を加えるときの注意点」をわかりやすく説明しています。ビデオとプロジェクタをつなぐだけですから、準備にも時間がかかりません。ある部分を拡大して注目させたいときや、子どもに実験や観察をさせるのが難しい事象の提示など、他の場面にも応用できます。

「目指す子ども像を具体的に書き表す」

スキルの学びを授業に位置づける場合は、育てたい子ども像を描くことが大切です。「こんな発表ができる子にしたい」「こういうノートが書けるようになるといいな」という教員の願いです。これが、子どもの「できるようになりたい」という願いと一致すれば、最高の学びにつながります。

この授業の実験方法を考える場面での『話す』スキルを例にすれば、

> 「空気の実験と同じ方法で、注射器を使って調べればいいと思います。
> その理由は、空気の実験の時に注射器で調べるのが一番わかりやすかったからです。ビニル袋やマヨネーズの入れ物や筒では、空気がもれたり柔らかかったりして調べにくかったから、最初から注射器でやればいいと思います。
> それに、注射器だったら、みんなが持っているので、準備もすぐにできるし、実験結果もたくさん集めることができると思います。もちろん、空気のときと同じ道具で実験するので、比べることもできます。」

のように子どもに発表させたい内容を書き表してみるのです。

理想的な発言例を書くことで、担当している子どもの実態に即した指導の在り方を考えることが可能になります。「まだムリに決まっている」「できるわけがない」という発想を捨て、「まだ学んでいないスキル」を抽出するとともに、理科や国語（言語力）の目標・内容と照らし合わせながら、「目の前の子どもに」ぴったりのスキルを検討していきましょう。

板書コーナー POINT

◆ 1時間目の後半から授業の終わりまで ◆

○ 結果を整理してまとめていく

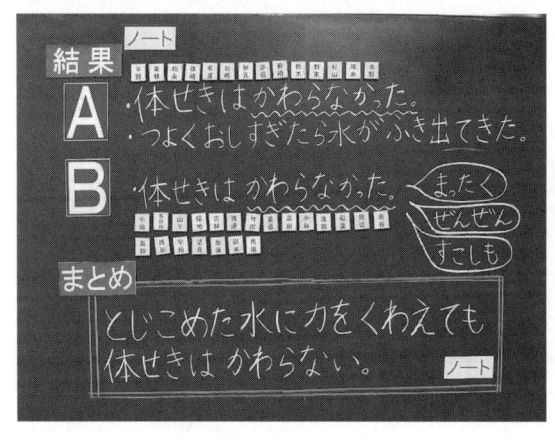

まず、実験方法別に結果を整理していきます。「結果」札を示しながら、子どもの発表を板書した後に、「同じ結果になった」子どもの「名前札」を活用していきます。こうすることで、「誰もが同じだったのか」「人によって違う結果となったのか」など、客観的に情報を示すことが可能になります。

結果を考察して結論（まとめ）を導き出す段階では、実証性や再現性の観点も取り入れながら、子どもの言葉でまとめさせていくように心がけましょう。そして、全員の考えが一致した場合は、「まとめ」札を示し、学級の結論として板書します。

このときは、枠を赤で囲むとともに、「ノート」札を活用するなど、しっかりと書かせるように工夫しましょう。こうすることが、知識・理解事項の定着につながります。

○ 本時で学んだことをこれまでの学習に位置づける

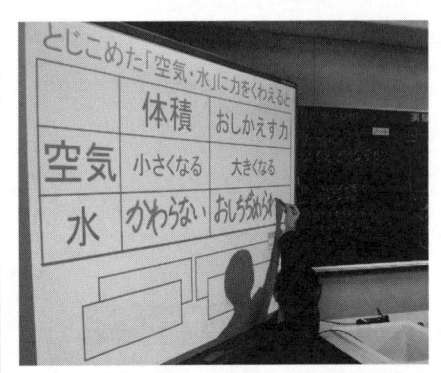

　ＩＣＴ機器の積極的活用の例として「電子黒板」を位置づけています。
　ここでは、本時のまとめの後に、これまでの授業全体を振り返る場面で活用します。これまでの学習で明らかになっていることを「表」で示し、本時で明らかになったことを「電子ペン」で書き加えています。
　電子黒板は、書き込んだ内容をそのまま保存できますから、次時にそのまま活用することができます。もちろん、プロジェクタのスクリーンとしても利用できますから、教員の工夫により授業の質を大幅に向上させることが可能です。

○ 授業終了時の板書

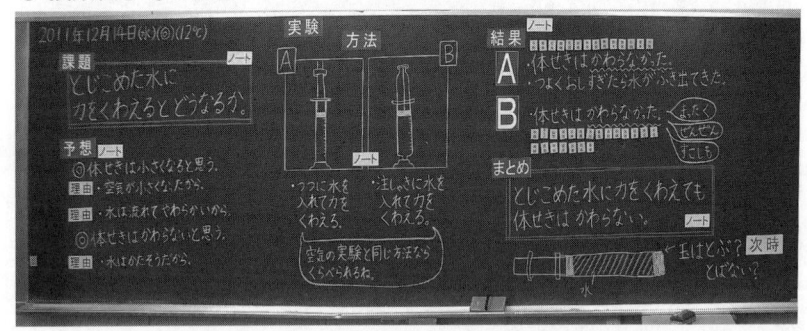

　授業終了時の板書です。もちろん綿密な「板書計画」を立てています。この計画が頭に入っているからこそ、子どもを集中させるポイントや特別支援のタイミングなど、授業の展開を常に意識しながら学習を進めることができるのです。力がついてくると、教材研究を進めていく段階で自然に板書が浮かぶとともに、ICT機器の活用を構想できるようになります。そのために必要なのがイメージトレーニングです。子どもと創り上げる授業を目指し、たくさん思い描いて、たくさん書いて（放課後に練習して）、知識と技能を身につけていきましょう。

Ⅲ 評価までが授業です

> 学習計画にきちんとした「評価」を位置づけ、記録や資料を用いて客観的な分析を行い、次に活かす改善策を検討するとともに修正案を作成するところまで到達したとき、やっと一人前の「教員」として認められます。

1 客観的な授業分析

　授業には「目標」があります。それを達成することができたか否かは「子どもの姿」でしか評価することができません。45分間という時間の中で、子どもがどのように変容したのか、授業前の実態と比較検討することで明らかにしていきましょう。

○ 授業の記録を残す

　記録（資料）がなければ客観的な評価はできません。プロの教員として、可能な限りたくさんの記録を残すように努めましょう。

◇ 学級名簿の活用

　理科の授業は教員の動きも多く、あわただしいままに流れてしまうことも少なくありません。だからこそ、授業中の子どもの活動を記録する必要があると考えましょう。

　習慣にしたいのが「学級名簿」「座席表」の活用です。まずは、発問ごとに指名した順番を数字で記録してみましょう。将棋や囲碁でいえば棋譜ですね。この記録があれば、後で授業を振り返ることができるのです。

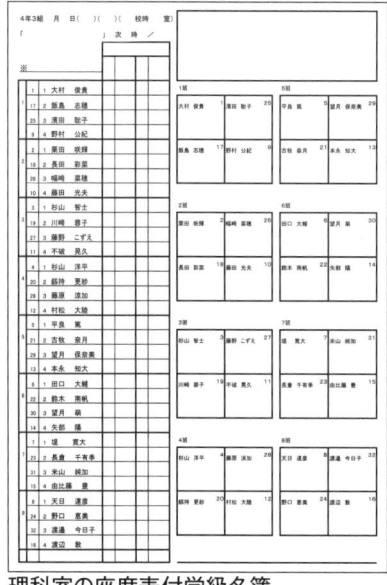

理科室の座席表付学級名簿

Ⅲ．評価までが授業です

◇ 子どものノートの活用

　授業で発表した子どもや、個別指導をした子どもの様子は記憶に残ります。しかし、40人近くの子どもがいれば、すべてを把握することは不可能です。そこで活用するのが、子どもが記録したノートやワークシートです。

　子どもが考えた予想が実験によってどのように変容したのか、また、今日の授業に対してどのような感想を持ったのかなどを分析することで、一人ひとりの到達度を把握するとともに、本時の目標や内容を評価することができます。

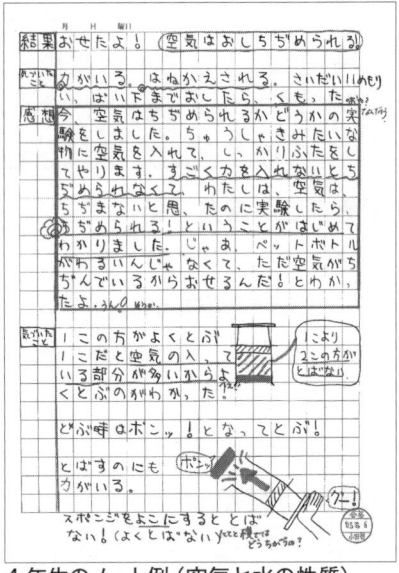

4年生のノート例（空気と水の性質）

◇ その他の工夫

板書記録の活用：授業が終了した段階の板書をデジカメで撮影しておきます。これは「教員の習慣」にしたいですね。授業記録としてだけでなく、次時導入時（前時の振り返り場面）の提示用資料としても活用できます。

　課題とまとめの整合性に問題はなかったか、子どもの科学的な思考を促す板書になっていたかなどを評価してみましょう。

ＩＣレコーダの活用：自分の授業を、映像ではなく「音声だけで」振り返ると反省すべき点が数多くあることに気がつきます。教室の後ろに置いて録音すると効果的です。まずは、声の大きさ・明瞭さからチェックしてみましょう。

子どもの自己評価の活用：「自己評価ボード」を活用できます。これは、授業の終わりに『今日の授業がわかったかわからなかったか、今の気持ちにピッタリの場所に名前札をつけましょう』と指示した結果が示されたものです。

磁石に対応した小さなホワイトボードを活用すれば、そのまま次時の導入で活用することができます。子ども自身の意識の変容を把握するのには効果的な手法ですので、学級の実態に即して活用しましょう。

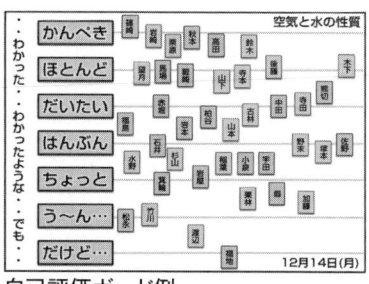

自己評価ボード例

○ 授業を改善する

授業評価というのは、次の時間をより良くするために行っているのです。子どもを評定するための資料作りではないことを確認しておきましょう。そして、子どもの理解が深まっていなかった場合は、教員の児童理解や教材研究に問題があったと考え、どこを改善すればいいのか「その日のうちに」検討し、メモ書きでもいいですから、次時の展開計画を立てておく習慣を身につけましょう。
例えば、

- 実験がうまくいかなかった→ 予備実験を繰り返し精度を上げる。
- 発表が少なかった→ より子どもの経験に即した発問に切り替える。
- ノートを書く時間がかかりすぎた→ ワークシートの活用を検討する。
- 教材に興味を持たなかった→ 教材の活用法・提示法を再検討する。
- 学んだことが活用できない→ 実感を伴う教材の導入を考える。

自分の授業を改善していくためには、「目の前の子どもに最適な教材を開発するとともに、子どもの考えを引き出す最善の発問を工夫し続けること」しかないのです。最初は失敗の連続になるかもしれませんが、授業評価を3年間続けることができれば、その頃には失敗の回数は激減しているはずです。

こんな授業では子どもたちに申し訳ないという気持ちと、常に自分を変えていこうとする前向きな行動があれば、授業の質は高まり続けるのです。

2 次の次の授業のために

　時間をかけて、悩んで、苦労して書き表した教材研究ノート・単元計画案・学習指導案・板書計画案などは、教員にとって「宝物」です。使用したワークシートや子どものノートのコピー、そして、板書を撮影した画像データなどとともに、しっかりと保存しておきましょう。

　ただし、作成した状態のままで保管しても意味がありません。授業後に「振り返る」とともに、気がついた内容をできるだけ詳しく書き加えておくことが大切なのです。

○ 建設的な自己批判

　まずは、次のような項目に留意しながら指導案を読み直し、第三者の視点から「建設的な批評」を書き加えていきましょう。このとき、授業を録画・録音した媒体があれば、それも活用しながら振り返りましょう。

● 授業全体を振り返る

この授業全体を通して「教師の願い」と「子どもの想い」が「教材」を媒介として「つながる・かかわる・わかりあう」ことができたか。

○ **本時の目標について**
　● 子どもに相応しいものであったか。（目標に到達できたのか）

○ **本時の教材について**
　● 目標到達に最適なものであったのか。（実態に即していたのか）

○ **本時の内容について**
　● 時間的に無理はなかったか。（活動時間を十分確保していたのか）

○ **本時の評価について**
　● 一人ひとりの変容を確認できたか。（活動内容を記録していたのか）

○ **特別な支援を必要とする子どもに対して**
　● 個別に支援をすることができたか。（十分な配慮をしていたのか）

- ● 本時の展開を振り返る（それぞれの段階別に細かく評価する）
  - ○ 導入段階
    - ● 子どもの心を集中させてから授業を開始することができたか。
    - ● 全員の「目線」を確認しながら最初の発言ができたか。
    - ● 最初の発問は「1回で」子どもに理解させることができたか。
  - ○ 問題を設定する段階
    - ● 本時の問題を「学級全体の問題」として意識させることができたか。
    - ● 一人ひとりの心に「本時の問題」を意識させることができたか。
    - ● 学習意識を高めるタイミングで問題を「板書」することができたか。
    - ● 問題をノートに書かせる時間（指示）は適切であったか。
  - ○ 予想を書かせ発表させる段階
    - ● 「ノートに書きたい」という状況をつくることができたか。
    - ● 予想（仮説）を「じっくり考える時間」を確保することができたか。
    - ● 書くことが苦手な子どもに対する個別支援を行うことができたか。
    - ● 指名順を考えながら個々の予想を発表させることができたか。
    - ● 理由（根拠）を含めながら発表させるように配慮することができたか。
    - ● 子どもの発表を関連させながら連続的なものにすることができたか。
  - ○ 実験や観察の方法を検討する段階
    - ● 子どもの予想に基づいた方法を尊重することができたか。
    - ● 子どもの実態に即した方法に収束させることができたか。
  - ○ 実験や観察の段階
    - ● 実験や観察に必要な機器や器具の準備及び安全面に問題はなかったか。
    - ● 子どもの実態に即した技能指導をすることができたか。
    - ● 必要なデータを表などに記録させることができたか。
    - ● 一人ひとりが見通し（目的意識）をもった活動をすることができたか。
    - ● 子どもが十分に満足する活動時間を保障することができたか。

第7章 理科授業の進め方

Ⅲ．評価までが授業です

○ **結果を整理して考察する段階**
- 結果を表やグラフに整理して考える時間を確保することができたか。
- 結果について自由に話し合う活動を位置づけることができたか。
- 事実と意見を区別させながら考えたことを発表させることができたか。

○ **学級のまとめ（結論）を導き出す段階**
- 誰もが納得する形で主体的に問題を解決することができたか。
- 子どもの発表に基づき、子どもの言葉でまとめることができたか。
- まとめに対する一人ひとりの理解度を確認することができたか。
- 子どもの言葉で「まとめを知識として」定着させることができたか。

○ **終末段階**
- 「問題」から「まとめ」までを振り返る時間を確保することができたか。
- 子どもに「本時の感想」を書かせたり発表させたりすることができたか。
- 新たな疑問や興味を喚起し、次時の授業を期待させることができたか。
- 満足感、成就感、達成感を味わわせる形で本時を終えることができたか。

○ **教員力を高めるために**

　授業を振り返った朱書きでいっぱいの理科学習指導案は、間違いなく「宝物」になります。ただし、もう一段階レベルを上げるならば、反省を生かした「修正案」を作成することです。問題がなかった部分についてはそのまま生かし、子どもの論理（わかり方）や教員の願いと一致しなかった部分を修正していけばいいのです。

　理科専科ならば、即、次の学級で活用が可能ですが、自分の学級だけで理科を担当している場合は「修正しても使うときがない」「来年も同じ学年を担任するとは限らない」「学習指導要領が改訂されれば意味がなくなる」と思われるでしょう。しかし、大切なのは、「授業後に自分の指導案を再検討し、より良い指導案を作成しておく活動（自己研鑽）」なのです。

教員は多忙ですから、勤務時間中に修正案をつくることは不可能かもしれません。土日や祝日は自分の時間として活用したいのも当然ですが、指導案はコンピュータにデータとして残っているはずです。一昔前と異なり、ゼロからの書き直しは必要ありません。だからこそ、「プラスα」に挑戦して欲しいと思うのです。

　より良い指導案に書き直すという活動は、教員自身の能力を大幅に高めます。修正した指導案そのものを活用する機会には恵まれなくても、確かな教員力・授業力・児童理解力が身についていくのです。

　どんなに時間をかけたとしても、書きっ放し、遣りっ放しの学習指導案は、記憶に強く残ることなく、やがてゴミ箱に捨てられる紙くずになってしまうかもしれません。けれども、振り返って「朱書き」を加えれば「宝物」になり、さらに「修正」して書き直した学習指導案は、掛け替えのない「財産」になるのです。

辛甘コラム　本音？じゃあ、言わせてもらうけど…
「朱書きした指導案の保管が大変なんですが……」

　朱書きをするだけ立派です。でも、紙媒体だと管理が大変ですよね。パソコンを自由自在に使いこなせるようになれば、「タブレットPC」で格好良く修正・保存・データベース化できるかもしれませんが……。

　かくいう私は、実は「ノート派」なのです。ノートといってもパソコンではありません。「子どもが授業で使う理科ノート」を「教材研究ノート」として活用しています。何よりの利点は「実物大のノート指導案」としてそのまま使えると言うことです。

　ノートですから「年次・学年・号」などを表紙に書いておくだけで管理できます。中身は「単元計画案・教材研究・教科書研究・毎時の略案（板書計画案・ノート指導案）」＋「ワークシート」＋「名簿・座席表」＋「デジカメ写真」＋「赤字（朱書き）たっぷり」などなどの超ごった煮ノートですが、間違いなく「財産」になっています。強く強くお勧めしますよ。

おわりに

○ 子どもの笑顔のために

　子どもは誰でも「できるようになりたい」という願いを持っています。「聞けるようになりたい・話せるようになりたい・読めるようになりたい・書けるようになりたい」のです。でも、一人では「なにを・どのように」学べばいいのか、その方法がわかりません。方法がわからないから、「できるようになった自分像・できたときの喜び」を描くことができず、「できるようになりたい」という意欲が減退していくのです。

　「聞けない」から、友達にいたずらしてしまうのかもしれません。「話せない」から、教室の中を歩き回ってしまうのかもしれません。「読めない」から、大声を出してしまうのかもしれません。「書けない」から、机の中の物をわざと落としてしまうのかもしれません。そのような言動を見過ごすことなく、一人ひとりをより良い方向へ導いていくのが「先生の仕事」です。

　まずは、ひとつで十分です。ひとつを続けることが「ひとつずつ」なのです。子どもと接する時間を増やして児童理解を深め、その子どもに最も必要な学びを見い出し、見通しをもった指導を通して、「聞く」「話す」「読む」「書く」言語力を身につけさせるとともに、「できるようになったよ！」という実感を伴った「笑顔」でいっぱいになる学習環境を創っていきましょう。

○ つながり・かかわり・わかりあい

　一人ひとりに言語力が身につくことで、学級での学びは深化していきます。「みんなで伝え合う学び」を位置づけることができるようになります。これを積み重ねていけば、「みんなで考えたから新しいことを発見できた」「みんなで悩んだけど最後はすごいことがわかった」という集団での学びの価値を意識するようになるでしょう。

　「あの先生は学級経営がしっかりしているから子どもたちの伝え合いが成立する

んだよ」という表現を聞くと、「信頼関係を築くのが上手だから」とか「他を思いやる心を育てるのがうまいから」と、情意的な側面を想像することが少なくないでしょう。もちろん、情意面はたいへん重要な事柄ですが、そういう先生は「一人ひとりに必要な言語力を学ばせている」のです。

　教師、教材、板書、ノート、そして友達とつながり・かかわり・わかりあうことで「自分の変容を実感」した子どもは、そこで身につけた「言語力」と「学び合う喜び」「他者を尊重する態度」を生涯忘れることはないでしょう。

○ 型破りの研究を目指して

　さて、「みんながわかる理科教育法」をタイトルに、言語力と理科における問題解決学習を中心に据えて展開してきましたが、いかがだったでしょうか。

　豊かな言語力を身につけることは、一人ひとりの未来を大きく拓くためにとても大切なことなのです。言語を学ぶ体験が減少しているならば、国語科や理科はもちろんのこと、学校教育全体で補完していきましょう。先生が意識すれば子どもは必ず変容します。

　ただし、この本で繰り返し述べてきた事項は「ひとつの型」であり、特異な部分や極端な内容が含まれています。そのまま、すべての授業で活用できるとは考えないでください。でも、「型」を身につけてこそ「型破り」があるのです。この本を参考に、新しい時代・目の前の子どもに即応したより良い理科教育法と言語力育成法を研究する過程を通して、この「型」を打ち破ってくれることを期待しています。私たちもさらなる研究を続けます！

　最後に、学校図書編修部の矢野高広さん及び野口恵美さんに深く感謝いたします。編集者としてのお二人の知恵と情熱がなければ、この本が世に出ることはなかったでしょう。ありがとうございました。

2012年3月11日　小田切　真　　寺本　貴啓

小田切　真　（おだぎり・まこと）

常葉大学教育学部心理教育学科　教授
1961年生まれ。兵庫教育大学大学院修了。常葉学園大学教育学部附属橘小学校教諭、常葉学園大学専任講師・同助教授（准教授）を経て、2009年4月から現職。小学校理科教科書編集委員（学校図書）。

● 著書：『授業に活かす！ 理科教育法小学校編』（編著東京書籍）、『絵本たのしい化学1 たべもの編料理の世界は、魔法がいっぱい』（共同出版）、『おもしろ実験・ものづくり事典』（共著東京書籍）、『理科がもっと面白くなる科学小話 Q & A100』（共著明治図書）など。

寺本　貴啓　（てらもと・たかひろ）

國學院大學人間開発学部　准教授
1976年生まれ。広島大学大学院博士後期課程修了。博士（教育学）。
静岡県熱海市の小学校、中学校の教諭を経て、広島大学大学院教育学研究科で学習科学、理科教育学を学び、2013年4月から現職。

● 著書：『わかる！ 小学校理科授業入門講座』（共著文溪堂）、『小学校理科室経営ハンドブック』（共著東洋館出版社）、『学習科学ハンドブック』（共著倍風館）、『ことばで伸ばす子どもの学力』（共著ぎょうせい）など。

言語力の育成を重視した
みんながわかる 理科教育法　　　レベルアップ 授業力

平成24年4月20日　初版第1刷発行
平成30年6月20日　　　第4刷発行

著　者　小田切　真　　寺本　貴啓
発行者　中嶋　則雄
発行所　学校図書株式会社
　　　　〒114-0001　東京都北区東十条 3 - 10 - 36
　　　　電話　03 - 5843 - 9432
　　　　FAX　03 - 5843 - 9438
　　　　URL　http://www.gakuto.co.jp

装丁(カバー)：川﨑麻美（HiZU）
本文デザイン：吉田晴夫（HiZU）

© Makoto Odagiri , Takahiro Teramoto
ISBN978-4-7625-0143-2 C3037